AF545625

Prof. Dr. Günter Kampf

Die Stigmatisierung der Ungeimpften während COVID-19

Eine Analyse der Reaktionen auf einen Lancet Brief

Impressum

Bibliografische Information der Deutschen Nationalbibliothek: Die Deutsche Nationalbibliothek verzeichnet diese Publikation in der Deutschen Nationalbibliografie; detaillierte bibliografische Daten sind im Internet über http://dnb.dnb.de abrufbar.

Bildnachweis Cover: Hanna Brovko von Pexels.

Verlag: BoD · Books on Demand GmbH, In de Tarpen 42, 22848 Norderstedt

Druck: Libri Plureos GmbH, Friedensallee 273, 22763 Hamburg

ISBN: 978-3-7583-5148-8

Vorwort

Am 20. November 2021 veröffentlichte „The Lancet" den hier dokumentierten Beitrag zur „Pandemie der Ungeimpften". Diese Veröffentlichung in der ältesten und renommiertesten medizinischen Fachzeitschrift zum Umgang mit den Menschen ohne Corona-Impfung war und ist bedeutsam und bemerkenswert. Ich bin Günter Kampf für die hier vorgelegte Analyse der ausgelösten Reaktionen dankbar. Sie hilft zum besseren Verständnis der damaligen und auch der heutigen Corona-Konflikte. Und wir können damit unser Denken und Handeln kritisch reflektieren und das kollektive Trauma der damaligen Coronaerlebnisse aufarbeiten. Wir müssen endlich darüber sprechen, was in Deutschland wirklich passierte, als sich die Vorstellung von einer „Pandemie der Ungeimpften" breit machte und die öffentliche Psychodynamik beherrschte.

Das Feindbild der „Ungeimpften" prägte im Herbst 2021 die kollektive Gefühlslage der Bevölkerung. Wut, Hass und Schuldzuweisung richteten sich auf eine Bevölkerungsgruppe, die der Corona-Impfung nicht vertraute und stattdessen andere Möglichkeiten der Infektionsbewältigung praktizieren wollte. „Die Tyrannei der Ungeimpften" verbreitete sich in allen Medien. Von CSU-Chef Markus Söder bis zum Ministerpräsidenten Bodo Ramelow in Thüringen wurde die „Pandemie der Ungeimpften" propagiert und die Menschen in die guten Impfwilligen und die bösen Impfskeptischen aufgeteilt. Die kollektive Stimmung trieb viele Menschen auseinander, spaltete Familien, Freundschaften und Belegschaften.

Der damalige Bundesgesundheitsminister Jens Spahn verteidigt bis heute seine dramatischen Appelle zur „Pandemie der Ungeimpften“. Seine Aussagen und die aller Apologeten der rettenden Impfung und der Diffamierung und Ausgrenzung der Ungeimpften entsprachen schon damals nicht der Wahrheit. Doch diese Erkenntnis passte nicht zur politischen Strategie der Angst und Bedrohung.

Die Wissenschaftler im Robert Koch Institut warnten intern, aber trauten sich nicht, der politischen Kampagne zu widersprechen. Der allseits bekannte Coronaaufklärer Christian Drosten sagte am 10. November 2021: „Es gibt im Moment ein Narrativ, das ich für vollkommen falsch halte: die Pandemie der Ungeimpften. Wir haben keine Pandemie der Ungeimpften, wir haben eine Pandemie.“ Der Lancet Brief von Günter Kampf warnte zeitgleich vor der falschen Sichtweise. Christian Drosten wurde nicht gehört, Günter Kampf von seiner Universität in Greifswald angegriffen und diffamiert. Wie konnte eine solche Verdrängung der Realität die wissenschaftlichen Institutionen besetzen und zu wirklich falschen Behauptungen animieren? Angstabwehr durch aktionistische Handlungswut dominierte die politischen Entscheidungsträger. Und eine kindliche Hoffnung auf eine starke Hand gegen die unerklärliche Bedrohung bestimmte das öffentliche Gefühl: diese kollektive Neurose beschreibt aus meiner Sicht die erlebte Psychodynamik unseres Gemeinwesens.

Die sachlich formulierten, fachlich kompetenten und medizinisch verantwortungsbewussten Analysen zur Corona-Pandemie von Günter Kampf waren damals schon eine wirkliche Wohltat. Sie hielten die Hoffnung auf die Freiheit von Wissenschaft und Forschung aufrecht und halfen dazu, in den Irren und Wirren der dogmatisch verengten Eiferei einen nüchternen Blick zu behalten. Die Politik und die gesellschaftlichen Verantwortungsträger sind mit den ungeimpften Menschen nicht menschlich umgegangen. Sie wurden ausgegrenzt, diffamiert, beschimpft und verunglimpft. Politische Führungskräfte, die in einem demokratischen Gemeinwesen für Gemeinsamkeiten und die Integration unterschiedlicher Positionen Verantwortung tragen, haben stattdessen Sündenböcke produziert, Schuldzuweisungen praktiziert und die Spaltung der Gesellschaft verstärkt. Die Verantwortungslosigkeit lag also nicht bei den Ungeimpften.

Wir lernen jetzt, dass in einer Pandemie sozialer Zusammenhalt und individuelle Handlungsfähigkeit gebraucht werden, sowie die Befähigung aller Bürgerinnen und Bürger, mit einer Gefahr selbst umgehen zu können. Strategien der Selbstwirksamkeit und Autonomie statt Angst und Panikmache kennzeichnen die politische Führungsaufgabe, die staatliche und gesellschaftliche Institutionen beherzigen und konsequent verfolgen sollten. Die hier vorgelegte Analyse der Reaktionen auf einen Lancet Brief von Günter Kampf, schenkt uns ein kleines Lehrbuch für eine bessere Politik in der Zukunft. Und es dokumentiert zugleich, dass auch in der Corona-Pandemie nicht alle Vernunft verschwunden war. Das ist ein gutes Zeichen für die Entwicklung unseres gesellschaftlichen Zusammenlebens, und daher wünsche ich diesem Werk viele Leserinnen und Leser.

Ellis Huber

Inhaltsverzeichnis

1. Hintergrund

Das Jahr 2021 war in Deutschland von der COVID-19-Pandemie geprägt. Das wahrscheinlich am meisten moralisierte Thema war der Impfstatus. Der Ausdruck „Pandemie der Ungeimpften“ wurde schon früh während der Pandemie geprägt und setzte sich schnell durch. Der Gedanke, dass die Pandemie mehr oder weniger ausschließlich eine Domäne der Ungeimpften geworden sei, hat sich hartnäckig gehalten [1]. Es war eine Zeit, in der sich Politiker immer wieder öffentlich zu den Gefahren äußerten, die von ungeimpften Menschen ausgehen würden. Hier einige Beispiele.

Joe Biden, Präsident, USA (übersetzt)

„Schauen Sie, die einzige Pandemie, die wir haben, ist unter den Ungeimpften.“

(17. Juli 2021; AP News)

Janosch Dahmen, Grüne, Deutschland

“Einschränkende Maßnahmen sind nur dann zu rechtfertigen, wenn von einer Menschengruppe eine Gefahr ausgeht. Geimpfte Menschen sind keine Gefahr mehr, deshalb können für diese Menschen auch keine Einschränkungen mehr gelten.”

(26. Juli 2021; ntv)

Markus Söder, CSU, Deutschland

„Wer geimpft ist, stellt keine Gefahr dar, deshalb muss man ihm verfassungsrechtlich zwingend die Grundrechte zurückgeben.“

(10. August 2021; BR)

Jennifer Russell, Medizinaldirektorin, Kanada (übersetzt)

"Das ist eine Pandemie der Ungeimpften."

(2. September 2021; Toronto Star)

Jens Spahn, CDU, Deutschland

"Man sieht derzeit eine Pandemie der Ungeimpften."

(8. September 2021; DW)

Die öffentliche Wahrnehmung war eindeutig: Nur die ungeimpfte Bevölkerung war Teil der Pandemie, und nur die ungeimpfte Bevölkerung war in der Lage, SARS-CoV-2 auf Kontaktpersonen zu übertragen, so dass der Motor der Pandemie die ungeimpfte Bevölkerung war. Ganz klar: sie waren die Ursache für das Fortbestehen der Pandemie. Daher war es nur fair, ihr öffentliches Leben einzuschränken, wie es durch die 2G-Kontaktbeschränkungen in Deutschland erfolgte [2]. Aber war es wirklich so einfach?

Es gab immer mehr Hinweise darauf, dass auch die geimpfte Bevölkerung infiziert war und SARS-CoV-2 auf Kontaktpersonen übertragen konnte. Ursprünglich mag es richtig gewesen sein, dass geimpfte Personen weniger wahrscheinlich infiziert waren und daher weniger wahrscheinlich als mögliche Übertragungsquelle in Frage kamen. Aber das Schwarz-Weiß-Bild, das einige Politiker zeichneten, war mit Sicherheit falsch. Und im Oktober 2022 war sogar in den RKI-Protokollen zu lesen, dass es keine Anzeichen dafür gibt, dass Impfungen an Ausscheidungen etwas ändern [3].

Diese Erkenntnis veranlasste mich, einen kurzen Artikel über die meiner Meinung nach ungerechtfertigte Stigmatisierung der Ungeimpften zu schreiben. Das

Cambridge Dictionary definiert Stigmatisierung als „die unfaire Behandlung von jemandem oder etwas durch öffentliche Missbilligung". Ich habe die oben beschriebene öffentliche Sprache als eine solche Stigmatisierung betrachtet.

Zudem stellte ich im Jahr 2021 fest, dass öffentliche und private Äußerungen gegenüber Ungeimpften heftiger ausfielen. Diese Erfahrung war eine weitere Motivation für mich, zu versuchen, alle Menschen zu ermutigen, die Gesellschaft wieder mehr zusammen zu führen.

2. Der Lancet Brief

Am 20. November 2021 wurde meine Korrespondenz mit dem Titel „COVID-19: stigmatising the unvaccinated is not justified" in The Lancet veröffentlicht [4]. Ziel war es, zu zeigen, dass auch unvollständig und vollständig geimpfte Personen COVID-19-Fälle und damit eine mögliche Übertragungsquelle sein können, und zu betonen, dass es sich nicht um eine „Pandemie der Ungeimpften" handelt. Die in vielen Ländern zu beobachtende Stigmatisierung der ungeimpften Bevölkerung war meines Erachtens ungerechtfertigt und daher falsch. Außerdem habe ich versucht, hohe Beamte und Wissenschaftler zu ermutigen, die unangemessene Stigmatisierung der Ungeimpften zu beenden und zusätzliche Anstrengungen zu unternehmen, um die Gesellschaft wieder zusammenzubringen. Lesen Sie den vollständigen und übersetzten Brief hier [4]:

„In den USA und in Deutschland haben hochrangige Beamte den Begriff „Pandemie der Ungeimpften" verwendet, um anzudeuten, dass geimpfte Personen für die Epidemiologie von COVID-19 nicht relevant sind. Die offizielle Verwendung dieses Begriffs könnte einen Wissenschaftler zu der Behauptung veranlasst haben, dass „die Ungeimpften die Geimpften mit COVID-19 bedrohen". Diese Ansicht ist jedoch viel zu einfach.

Es gibt zunehmend Hinweise darauf, dass geimpfte Personen weiterhin eine wichtige Rolle bei der Übertragung spielen. In Massachusetts, USA, wurden im Juli 2021 bei verschiedenen Ereignissen insgesamt 469 neue

COVID-19-Fälle festgestellt. 346 (74%) dieser Fälle betrafen vollständig oder teilweise geimpfte Personen, von denen 274 (79%) symptomatisch waren. Die Ct-Werte waren bei vollständig geimpften Personen (Median 22,8) und ungeimpften, unvollständig geimpften oder Personen mit unbekanntem Impfstatus (Median 21,5) ähnlich niedrig, was auf eine hohe Viruslast auch bei vollständig geimpften Personen hinweist. In den USA wurden bis zum 30. April 2021 insgesamt 10.262 COVID-19-Fälle bei geimpften Personen gemeldet, von denen 2725 (26,6%) asymptomatisch waren, 995 (9,7%) ins Krankenhaus eingeliefert wurden und 160 (1,6%) starben. In Deutschland traten 55,4% der symptomatischen COVID-19-Fälle bei vollständig geimpften Personen im Alter von 60 Jahren oder älter auf, und dieser Anteil nimmt wöchentlich zu. In Münster, Deutschland, traten neue COVID-19-Fälle bei mindestens 85 (22%) von 380 Personen auf, die vollständig geimpft waren oder von COVID-19 genesen waren und eine Diskothek besuchten. Geimpfte Personen haben ein geringeres Risiko, schwer zu erkranken, sind aber dennoch ein relevanter Teil der Pandemie. Daher ist es falsch und gefährlich, von einer Pandemie der Ungeimpften zu sprechen. Sowohl die USA als auch Deutschland haben in der Vergangenheit negative Erfahrungen mit der Stigmatisierung von Teilen der Bevölkerung aufgrund ihrer Hautfarbe oder Religion gemacht. Ich fordere die Verantwortlichen in Politik und Wissenschaft auf, die unangemessene Stigmatisierung der Ungeimpften, zu denen auch unsere Patienten, Kollegen und Mitbürger gehören, zu beenden und zusätzliche Anstrengungen zu unternehmen, um die Gesellschaft zusammenzuführen."

Altmetric veröffentlicht einen „Aufmerksamkeitsscore" für wissenschaftliche Artikel. Dieser Lancet-Brief hat mit einer Punktzahl von 23.742 eine ungewöhnlich hohe öffentliche Aufmerksamkeit erregt. Nach dieser Auswertung, die alle Daten bis zum 30. September 2024 einschließt, gehört dieser Leserbrief zu den 5% der am meisten beachteten Artikel in allen Zeitschriften.

Im Gesamtbild aller Publikationen und aller Lancet-Publikationen liegt dieser Leserbrief auf Platz 17 bzw. 2.

Abbildung 1: Screenshot der Altimetric-Zusammenfassung des Lancet Letters (alle Veröffentlichungen) [5].

In der Gesamtübersicht aller aktuellen Publikationen und aller aktuellen Lancet-Publikationen rangiert dieser Brief auf Platz 3 bzw. Platz 1. Dies macht deutlich, dass das internationale Interesse an diesem Lancet-Brief ungewöhnlich groß war.

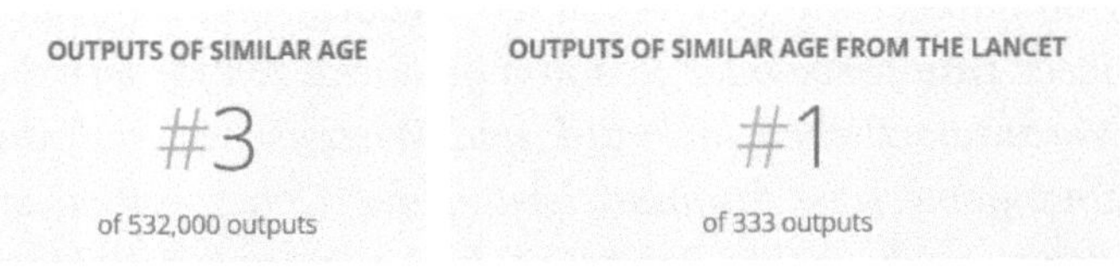

Abbildung 2: Screenshot der Altimetric-Zusammenfassung des Lancet Letters (aktuelle Veröffentlichungen) [5].

Drei Jahre nach der Veröffentlichung meiner Korrespondenz möchte ich die Reaktionen, die ich aus der Öffentlichkeit erhalten habe, weitergeben. Innerhalb von zwei Monaten habe ich insgesamt 88 E-Mails erhalten, eine Zahl, die ich in meiner wissenschaftlichen Laufbahn bei keiner anderen Veröffentlichung erreicht habe. Die Vielfalt dieser Reaktionen spiegelt ein breites Spektrum von Sichtweisen zu diesem Thema wider. Ich hoffe, dass die Veröffentlichung dieser Reaktionen eine kritische Bewertung der Pandemiemaßnahmen sowie der vorherrschenden Haltung gegenüber der ungeimpften Bevölkerung ermöglicht. Darüber hinaus möchte ich das Verhalten einiger Akademiker in Bezug auf die verfassungsrechtlich geschützte akademische Freiheit der Wissenschaft thematisieren und die stigmatisierenden und ungerechtfertigten Äußerungen über die ungeimpfte Bevölkerung einiger Hauptprotagonisten im Jahr 2021 hervorheben.

3. Überblick über die Reaktionen

Ich habe insgesamt 88 E-Mails erhalten, wobei die meisten von interessierten Bürgern stammten (46,6%). Die übrigen Antworten verteilen sich wie folgt: Ärzte (21,6%), Universitätsprofessoren (9,1%), Wissenschaftler (5,7%), Krankenschwestern und Studenten (je 3,4%) sowie Psychologen und Juristen (je 2,3%). Darüber hinaus erhielt ich E-Mails von einem Apotheker, einem Senator, einem Bürgerrechtler, einem Tierarzt, einem Osteopathen und einem Doktoranden, die jeweils 1,1% beisteuerten. Ein Vertreter der Universität Greifswald hat mir ebenfalls geschrieben; dieser Beitrag wird in Kapitel 12 separat behandelt.

Geografisch gesehen kamen die meisten Antworten aus Deutschland (40,9%), gefolgt von den USA (9,1%), Kanada und Frankreich (je 4,5%) sowie Australien und dem Vereinigten Königreich (je 3,4%). Weitere vertretene Länder waren Irland, Norwegen, Österreich und Italien (je 2,3%) sowie Singapur, Südafrika, Brasilien, Spanien, Bulgarien, Polen und Belgien (je 1,1 %). Das Herkunftsland blieb bei 17,0% der Zuschriften unbekannt.

4. Reaktionen von Bürgern

In diesem Kapitel finden sich 19 anonymisierte Reaktionen von Bürgern aus aller Welt, die sich auf meinen Leserbrief im *Lancet* beziehen. Ihre Worte werfen einen Blick auf die tiefen gesellschaftlichen Risse und die Bedeutung einer differenzierten, respektvollen Auseinandersetzung mit schwierigen Themen.

Ein Bürger aus Deutschland

"Selbst in meinem "eher" gebildeten Kreis sehe ich einen krassen Ausschluss von Menschen. Ich finde es sehr verwunderlich, welche Rechte sich Menschen gerade herausnehmen."

Ein Bürger aus Irland (übersetzt)

„Ich wollte mich nur dafür bedanken, dass Sie die Wissenschaft mit Integrität dargestellt haben. Es war gut, etwas zu lesen, das nicht verunglimpft oder verächtlich macht, sondern einfach so darstellt, wie es ist."

Ein Bürger aus Australien (übersetzt)

„Sie haben völlig Recht. Die Verunglimpfung der Ungeimpften ist spaltend und absolutes Gift für jede zivilisierte Gesellschaft."

Ein Bürger (übersetzt)

„Ich wollte Ihnen nur für Ihren Artikel danken, der heute im Lancet veröffentlicht wurde. Ich weiß es zu schätzen, dass Sie sich zu diesem Thema äußern, auch wenn es riskant ist, es anzusprechen. Mutige Menschen wie Sie sind die Art von Menschen, von denen wir mehr in der Welt brauchen."

Ein Bürger aus Deutschland

„Ich möchte Ihnen sehr für diesen Brief danken. Einen solchen Brief in diesen Zeiten zu veröffentlichen erfordert einigen Mut. Ich stehe seit eineinhalb Jahren fassungslos vor dem Phänomen, wie unsere Gesellschaft bisher hochgehaltene Werte ohne zu zögern, ohne es auch nur zu merken in einer Art Rausch über Bord wirft. Spätestens seit Juli denke ich auch, dass die Politik den Pfad der "Wissenschaft" und Rationalität (endgültig) verlassen hat. Ich habe große Sorge, wohin das noch führen wird."

Ein Bürger aus Italien (übersetzt)

„Ein herzliches Dankeschön in meinem Namen und im Namen der gesamten Weltbevölkerung für Ihre Arbeit und vor allem für Ihren wertvollen Artikel vom 20.11.2021 im Lancet."

Ein Bürger aus Singapur (übersetzt)

„Danke, dass Sie schreiben, dass die Stigmatisierung der Ungeimpften nicht gerechtfertigt ist. Kürzlich habe ich einen Anwalt getroffen, der nicht nur einmal, sondern mindestens zweimal sehr beleidigend war. Ich habe diesen Auftrag und mein Einkommen verloren.

Das ist in Ordnung, denn ich möchte nicht weiter für eine solche Person arbeiten."

Ein Bürger aus Südafrika (übersetzt)

„Ich grüße Sie! Ich habe Hoffnung für die Menschheit, wenn ich Menschen wie Sie sehe, die für die Wahrheit eintreten. Wie MLK sagte: „Am Ende werden wir uns nicht an die Worte unserer Feinde erinnern, sondern an das Schweigen unserer Freunde"."

Ein Bürger (übersetzt)

„Ich danke Ihnen für Ihren aufschlussreichen Artikel. Ich frage mich, ob die Bedeutung des Impfpasses/Covid-Zertifikats in einem Artikel erörtert werden sollte. Es scheint, dass die Berichterstattung darüber sehr spärlich ist. Soweit ich weiß, scheinen sich Dr. Fauci und andere einig zu sein, dass alle Personen unabhängig von ihrem Impfstatus die gleiche Viruslast in sich tragen. Wenn also der Zweck der Zutrittsverbote zu verschiedenen Einrichtungen darin besteht, die Ausbreitung zu stoppen, wozu tragen dann die besagten Ausweise bei? Es interessiert mich wirklich, und vielleicht haben sie einen wichtigen Nutzen, und könnte man darüber sprechen? Ich denke, dass wir alle bestrebt sind, die Auswirkungen dieses ansteckenden, bösen Virus zu begrenzen, und wir sollten alle Hände voll zu tun haben. Wie Sie betonen, sollte jedes Land gemeinsame Anstrengungen unternehmen, die von Respekt, Freundlichkeit und Einfühlungsvermögen gegenüber allen Beteiligten geprägt sind."

Ein Bürger aus Deutschland

“Ich danke für Ihren Artikel im Lancet „COVID-19: stigmatising the unvaccinated is not justified". Sie helfen damit, diese Metastasen der Diskriminierung und Ausgrenzung in unserer Gesellschaft aufzuhalten. Das schreibe ich als Geimpfter, der die augenblickliche Entwicklung als unerträglich und hoch gefährlich für Gesellschaft und Demokratie einstuft. Selbst die RKI und PEI-Daten, die eindeutig zeigen, dass die Impfung weder ausreichend sicher noch in dem Maße, wie es propagiert wird, wirksam ist, werden von der Politik und den Medien nahezu komplett ignoriert. Ihnen viel Erfolg weiterhin und bitte klären Sie weiter auf!“

Ein Bürger (übersetzt)

„Danke, dass Sie sich zu Wort gemeldet haben. Ich stimme Ihnen zu 100% zu. Aus irgendeinem Grund ist es unpopulär und sogar riskant, dies zu tun. Das sollte nicht so sein. Nochmals vielen Dank, dass Sie einen produktiven Beitrag zu dieser Diskussion geleistet haben.“

Ein Bürger aus Deutschland

„Leider werden Meinungen und Stimmen wie Ihre im öffentlichen Raum nicht publik gemacht, denn sie sagen etwas anderes aus als das, was wahrscheinlich verbreitet werden soll. Der "Sündenbock" für die 4. Welle wurde ausgemacht, und so soll es dann auch bleiben. Für keinen Menschen ist es wünschenswert, auf der ITS behandelt werden zu müssen, egal bei welcher Erkrankung oder gesundheitlichen Beeinträchtigung. Jedoch sind die "Ungeimpften" sicherlich nicht schuld an den mangelnden Betten auf der ITS. Dafür gibt es wahrscheinlich ganz andere Gründe, die finanzieller Natur sein sollen."

Ein Bürger aus Deutschland

„Ich wollte einfach nur DANKE sagen für Ihre couragierte Stellungnahme im Lancet (s.o.). Eine differenzierte Erfassung der aktuellen Fälle täte so dringend Not (1x geimpft, 2x geimpft, ungeimpft), unterbleibt aber ebenso wie eine Aufschlüsselung in Covid als Haupt-Diagnose und Nebendiagnose und vieles mehr. Es ist vollkommen irreführend, die Ungeimpften an den Pranger zu stellen: Ethisch sowieso, aber auch medizinisch, weil die Geimpften (gerade auch durch 2G) eine Art Freifahrschein erhalten und man dadurch einen riesigen blinden Fleck kreiert (billigende Inkaufnahme??). Ich belasse es dabei (es gäbe unendlich mehr dazu zu sagen) und DANKE Ihnen nochmals herzlich für Ihre Courage!!!"

Ein Bürger aus Deutschland

„Ich möchte Ihnen ganz herzlich für Ihre Courage und für Ihren in The Lancet veröffentlichten offenen Brief danken. Die kontroverse Diskussion dieses Themas ist leider nicht selbstverständlich, daher sprechen Sie mir und meiner Familie, aber sicher auch vielen anderen Menschen damit sehr aus dem Herzen. Ich danke Ihnen auch für die gesamtgesellschaftliche Betrachtung. Neben der Diskussion der medizinischen Aspekte wird die menschliche Betrachtungsweise oft vergessen und damit ignoriert, dass wir alle irgendwann und irgendwie wieder zusammenleben müssen. Stellungnahmen wie die Ihre machen Hoffnung, dass es mit der Menschlichkeit doch noch nicht ganz vorbei ist."

Ein Bürger (übersetzt)

"Ich habe gerade alle Ihre Artikel in The Lancet gelesen und wollte Ihnen nur dafür danken, dass Sie eine rationale Stimme unter vielen irrationalen sind. Ich bin keine Wissenschaftlerin, aber ich kann Forschungsberichte lesen, und da ich Psychologie und Statistik studiert habe, weiß ich, wie man viele der Ergebnisse interpretiert. Was ich gelesen habe, unterscheidet sich sehr von dem, was die Regierung und die Medien sagen. Ihre Kommentare und Artikel sind sehr direkt und leicht zu lesen, und ich werde sie mit so vielen Menschen wie möglich teilen. Bitte bleiben Sie weiterhin die Stimme in dieser Situation! Sie wird so sehr gebraucht."

Ein Bürger aus Australien (übersetzt)

„Ich habe kürzlich Ihren Artikel über die Stigmatisierung von Ungeimpften gelesen (Lancet, Nov 2021). Ein hervorragendes Beispiel, das Ihre Thesen voll und ganz unterstützt, sind die jüngsten Erfahrungen in Südaustralien, wo ich lebe. Bis zum 25. November 2021 gab es in Südaustralien so gut wie keine COVID-19-Fälle, da strenge Grenzbeschränkungen zu anderen Bundesstaaten aufrechterhalten wurden, insbesondere zu solchen mit hohen Fallzahlen. Am 26. November 2021 wurde jedoch beschlossen, die Grenzen zu allen Bundesstaaten zu öffnen (einschließlich NSW und Victoria, die zu diesem Zeitpunkt täglich 1000 neue Fälle verzeichneten - hauptsächlich durch Delta). Vor allem durften ab dem 26. November nur noch „geimpfte" Personen nach Südaustralien einreisen, da die Ungeimpften angeblich eine „Gefahr" für den Rest der Bevölkerung darstellten. Innerhalb weniger Tage nach der Öffnung der Grenzen stieg die Zahl der Covid-Fälle sprunghaft an und nimmt täglich weiter zu. Inzwischen gibt es in Südaustralien über 18.000 Fälle. Von Null auf 18.000 in etwas mehr als einem Monat, obwohl nur „geimpfte" Personen in den Bundesstaat einreisen durften. Es scheinen die Geimpften zu sein, die Covid nach Südaustralien gebracht haben, nicht die Ungeimpften. Gibt es eigentlich irgendeinen wissenschaftlichen Beweis dafür, dass die Ungeimpften „ansteckender" oder gefährlicher sind? Der gesunde Menschenverstand sagt mir, dass das Gegenteil der Fall ist, denn ungeimpfte Covid-positive Menschen fühlen sich wahrscheinlich krank und bleiben zu Hause im Bett, während die positiven „Geimpften" entweder keine oder nur leichte Symptome haben und daher eher unterwegs sind und die Krankheit in der Region verbreiten. Außerdem machen sich viele Geimpfte nicht mehr die Mühe, ihre Masken zu tragen, „weil sie geimpft sind". In Übereinstimmung mit Ihren Untersuchungen zeigen die südaustralischen Daten, dass es völlig ungerechtfertigt und furchtbar unfair ist, die Ungeimpften zu stigmatisieren, wie es weltweit geschieht. Wie die Erfahrungen in Südaustralien zeigen, sind es offenbar die Geimpften, die die größere Gefahr der Ausbreitung dieser Krankheit darstellen, nicht die Ungeimpften. Und ob geimpft oder nicht, die logischste Abschreckung gegen die Ausbreitung des Virus ist das Tragen von Masken, denn beide können das Virus einfangen und verbreiten. Ob man nun geimpft ist oder nicht, sollte für irrelevant erklärt werden - wie das Beispiel Südaustraliens perfekt gezeigt hat. Ich danke Ihnen für Ihre Arbeit und Ihre Veröffentlichungen. Ich freue mich darauf, in Zukunft mehr zu lesen."

Ein Bürger aus Großbritannien (übersetzt)

„Ich habe Ihren Artikel in The Lancet gelesen und stimme ihm voll und ganz zu. Hier im Vereinigten Königreich sagen hochrangige Beamte, die Ungeimpften würden das Gesundheitssystem belasten. Ich habe noch nie gehört, dass die gleiche Terminologie für Menschen verwendet wird, die zum Beispiel rauchen und eine COPD entwickeln. Das führt zu Spannungen und einer Spaltung der Gesellschaft. Ihr Artikel war eine erfrischende Lektüre. Ich danke Ihnen."

Ein Bürger aus Kanada (übersetzt)

„Ich weiß es zu schätzen, dass Sie Ihre Ansichten über die Stigmatisierung von Ungeimpften in The Lancet geteilt haben. Ich wünschte, jeder würde diese Perspektive in Betracht ziehen und sich eingehend damit befassen, wie die derzeitige Politik unsere Welt und unsere Fähigkeit und unser Recht, Entscheidungen in Bezug auf unseren eigenen Körper, unseren Umgang mit der Gesundheit und die unserer Kinder zu treffen, prägt. Vielen Dank für Ihren erfrischenden Artikel inmitten von so viel Rhetorik. Ich weiß, dass auf beiden „Seiten" der Gleichung Fehlinformationen verbreitet werden.

Wir können nur hoffen und beten, dass die Menschen anfangen zu überlegen, wie wir die Probleme der Welt trotz unserer Unterschiede gemeinsam lösen können."

Ein Bürger (übersetzt)

„Ich habe Ihren Brief an The Lancet und Ihren Aufruf, die Stigmatisierung von Ungeimpften zu beenden, mit Anerkennung gelesen. Dies ist ein dringend notwendiges Anliegen, und ich gratuliere Ihnen, dass Sie eine öffentlichkeitswirksame Gelegenheit gefunden haben, dies zum Ausdruck zu bringen. Beste Wünsche für eine gesündere Welt."

5. Reaktionen von Ärzten

In Reaktion auf die zunehmende gesellschaftliche Polarisierung rund um die COVID-19-Impfung haben sich zahlreiche Ärzte aus aller Welt bei mir zu Wort gemeldet und ihre Gedanken geäußert. Dieses Kapitel bietet einen fundierten Blick auf die Stimmen aus der medizinischen Praxis und wirft die Frage auf, wie weit die Gesellschaft bereit ist, unterschiedliche Meinungen zu akzeptieren.

Eine Ärztin aus den USA (übersetzt)

„Vielen Dank für Ihren Kommentar im Lancet über die Stigmatisierung von COVID-Ungeimpften. Es ist mutig von Ihnen, Ihre Meinung zu sagen. Sie sollten wissen, dass viele von uns - Ärzte wie ich und auch Laien - an Ihrer Seite stehen."

Ein Lungenfacharzt aus den USA (übersetzt)

„Ich danke Ihnen für diesen großartigen Brief. Ich bin froh, dass The Lancet so etwas gedruckt hat; keine US-Zeitschrift oder „respektable" Zeitung in den USA würde das tun."

Ein Pathologe aus Kanada (übersetzt)

„Ich danke Ihnen für Ihr Fachwissen und die Weitergabe Ihrer Kenntnisse und möchte Ihnen für Ihre Unterstützung danken. Ich wurde stigmatisiert und von meinem Krankenhaus und meiner Arbeit ausgeschlossen (als Ungeimpfter trotz natürlicher Immunität und obwohl ich asymptomatisch bin), obwohl ich in den letzten zwei Jahren etwa 10.000 Patienten in diesen schwierigen Zeiten geholfen habe. Ich wurde von der Arbeit abgezogen und bin derzeit fast zwei Monate lang unbezahlt. Und das, obwohl ich seit fast zwanzig Jahren als Arzt tätig bin.

Seit fast 2 Monaten durfte ich den Arbeitsplatz betreten und unbezahlt arbeiten, um meinen Patienten zu helfen. Als ich jedoch neulich auf der Arbeit ankam, wurde ich suspendiert, nachdem ich vorab eine Benachrichtigung per E-Mail erhalten hatte, einen negativen Schnelltest vorweisen konnte (ohne jegliche Symptome, was beim Eintritt vom Sicherheitspersonal bestätigt wurde) und trotz einer natürlichen Immunität. Ich hatte sogar ein gültiges medizinisches Attest vorgelegt, das von meinem Hausarzt unterzeichnet war. Der Personalchef des Krankenhauses eskortierte mich unter Androhung einer Sicherheitseskorte, mit einer mündlichen Mitteilung über die Suspendierung und einer anschließenden E-Mail mit dem Hinweis hinaus, dass ich Menschen Schaden zufügen könnte: „Ihr Status als Ungeimpfter setzt Patienten, Gesundheitsdienstleister, Mitarbeiter oder andere Personen, mit denen Sie im Krankenhaus in Kontakt kommen, einer sicheren oder wahrscheinlichen Gefährdung aus.“

Und das, obwohl ich nur an Glasobjektträgern auf einem Mikroskop arbeite, in einem Einzelbüro mit HEPA-Filterung und von zu Hause aus arbeiten kann. Der einzige Schaden, den ich sehe, ist die weitere Verzögerung von Operationen und Diagnosen, da niemand in der Lage sein wird, meine fast 5000 Fälle pro Jahr abzudecken, und wir hatten bereits mindestens ein bis zwei Mitarbeiter zu wenig. Das Krankenhaus hat sich geweigert, mir entgegenzukommen. Ich habe seit über drei Jahren nie direkt mit Patienten gearbeitet und kommuniziere mit dem Personal nur als Berater, hauptsächlich per E-Mail/Zoom/Telefon, ohne enge Kontakte. Außerdem habe ich das Betreten meines Einzelbüros im Krankenhaus auf Video aufgenommen.

Ich bin derzeit seit fast zwei Monaten arbeitslos und habe Kinder und eine Frau, die ich als Alleinverdiener finanziell unterstützen muss. Bitte teilen Sie mir Ihre Meinung zu dieser Situation mit. Ich glaube nicht, dass ich für irgendjemanden ein Risiko darstelle, wenn man bedenkt, dass die „Impfstoffe“ und die Therapien für alle Bedürftigen verfügbar sind. In meinem Krankenhaus hatten wir kaum COVID-Fälle. Tatsächlich sind alle jüngsten sechs Fälle in dieser Region bei geimpften Personen aufgetreten. Es kam zu erheblichen Verzögerungen bei Biopsien und Operationen sowie bei der Diagnose, was den Patienten erheblichen Schaden zufügte und zu vorzeitigen Todesfällen führte.“

Ein Notfallmediziner aus Deutschland

„Ganz herzlichen Dank für Ihren so gut formulierten Beitrag in The Lancet. Es tut gut, auf Kollegen zu treffen, die nicht nur professionell genug sind, sich mit Inhalten objektiv auseinanderzusetzen (so wie wir es im wissenschaftlichen Diskurs tun sollten), sondern auch menschliche Aspekte nicht vergessen.“

Ein Onkologe aus Deutschland

„Ich möchte Ihnen meine Erleichterung und gefühlte Unterstützung durch Ihre aktuelle Positionierung im Lancet zum Ausdruck bringen. Sie werden sicher gerade überschwemmt, aber ich möchte doch anfragen, ob wir nicht eine Art Vernetzung aller, die der momentanen Entwicklung kritisch gegenüberstehen, sinnvollerweise anstreben müssen, um in durchaus gefährlichen Zeiten eine deutlichere Stimme zu bekommen und das Gegengewicht sichtbar zu machen.“

Ein Arzt aus Deutschland

„Vielen Dank für Ihre deutlichen Worte, die ich in The Lancet gelesen habe, und mit denen Sie sich auf die Seite der zu Unrecht beschuldigten Ungeimpften schlagen!“

Ein Arzt aus Deutschland

„Vielen Dank für Ihren wichtigen Beitrag in der Zeitschrift Lancet mit dem Titel "COVID-19: stigmatising the unvaccinated is not justified". Es wurde wirklich Zeit, dass Jemand darauf hinweist.“

Ein Arzt aus Deutschland

„Ich möchte Ihnen zu Ihrer Publikation in Lancet gratulieren und dafür danken, dass sie dieses hochaktuelle Thema der Stigmatisierung und Spaltung unserer Gesellschaft wissenschaftlich so klar bearbeitet haben. Ich hoffe, Ihr Artikel findet Gehör, auch bei den politisch Verantwortlichen. Es wäre zu wünschen, dass Sie in Fernsehdiskussion eingeladen werden und z.B. mit den

Herren Lauterbach, Söder, Kretschmann, Wieler und Spahn dieses Thema so sachlich und klar diskutieren könnten, wie Sie es in Ihrem Artikel darlegten."

Ein Kardiologe aus den USA (übersetzt)

„Es ist schön zu sehen, dass die Menschen endlich wieder ihre Stimme erheben gegen die absurde Diskriminierung derjenigen, die nicht geimpft sind. Ein regionales US-Gesundheitssystem, das ich kenne, verlangt derzeit von Angestellten oder medizinischem Personal, das von der Impfung befreit ist, WÖCHENTLICH einen Covid-Test. Vollständig geimpfte Mitarbeiter müssen nicht getestet werden, da von ihnen kein Übertragungsrisiko ausgeht. Diese wöchentlichen Tests sind Teil von Bidens bevorstehender umfassenden Impfpflicht. Es macht keinen Sinn und ist eindeutig eine Bestrafung, um Personen zu zwingen, sich impfen zu lassen. Leider fördert es bei denjenigen, die es nicht besser wissen, Vorurteile und ungerechtfertigte Spaltungen. Ich hoffe, Deutschland ist nicht so verrückt wie die USA!"

Ein Gefäßchirurg aus den USA (übersetzt)

„Vielen Dank für Ihre Lancet-Korrespondenz über die Stigmatisierung der Ungeimpften. Bei der Pandemie sollte ein neuer Ansatz der personalisierten Risikobewertung auf der Grundlage von Durchbruchsinfektionen und der Übertragung durch geimpfte Personen verfolgt werden. Impfvorschriften sind unlogisch, wenn geimpfte Personen das Virus ausscheiden und verbreiten können. Die öffentliche Gesundheit braucht ein breiteres Instrumentarium zur Bekämpfung der Delta-

Variante als nur Impfstoffe. Therapeutika müssen einbezogen und hervorgehoben werden. Die Epidemiologie von Durchbruchsinfektionen muss erfasst und transparent dargestellt werden, damit die Menschen fundierte persönliche Entscheidungen treffen können. Und, wie Sie sagten, müssen wir aufhören, die Ungeimpften negativ zu stigmatisieren."

Ein Arzt aus Deutschland

„Mit großer Freude und auch extremem Interesse habe ich Ihre kürzlich im Lancet veröffentlichten Correspondence-Letters gelesen. Ich möchte Ihnen hiermit für Ihre Klarheit und Ihren Mut von Herzen danken! Allerdings ist leider dieser Mut zurzeit auch nötig, wie ich mit einem etwas weinenden Gesicht feststellen muss. Erlauben Sie mir bitte die Feststellung, dass Sie sozusagen zu den "Mavericks" der Hygiene gehören - ich schreibe dies mit Bewunderung, da ich denke, dass für die Zukunft der Hygiene solche mutigen und klardenkenden Menschen wie Sie sehr wichtig sein werden. Ich hoffe, dass ich Ihnen durch meine kleine Nachricht etwas zusätzliche Energie und Bestätigung liefern konnte!"

Ein Arzt aus Deutschland

„Ich möchte Ihnen ausdrücklich danken, für den mutigen und aufrichtigen Brief an die Herausgeber von Lancet. So eine Mitteilung war überfällig. Im Grunde ist es fast schon Hetze, was – gegen wissenschaftliche Erkenntnisse, die ich verfolge – von Politikerinnen und Politikern zum Ausdruck gebracht wird."

Ein Neurologe aus Deutschland

„Ich möchte Ihnen für Ihren aktuellen Beitrag im Lancet danken. Sie sprechen mir aus dem Herzen. Die Lösung dieser Pandemie alleinig in der Impfung zu suchen und die daraus resultierende Stigmatisierung der Ungeimpften sind falsch. Die Pandemie wird durch viele Faktoren vorangetrieben und dementsprechend müssen wir multifaktoriell ansetzen. Dazu zählt in großem Maße auch die Impfung, aber eben nicht alleinig. Seit Monaten beobachte ich mit großer Sorge die gesellschaftliche Entwicklung und die zunehmende Radikalisierung auch unter Ärzten. Dies musste ich selbst erfahren, als ich die 2G-Regelung für Besucher im Krankenhaus gegenüber dem Geschäftsführer kritisierte. Ich bemängelte, dass nicht nur unkontrolliert potenziell Infizierte die Infektion ins Krankenhaus hineintragen könnten, sondern auch Menschen der Zutritt zu ihren kranken Angehörigen verwehrt wird. Diese de facto Inschutznahme der Ungeimpften hat zu einer wahren Hasstirade der Ärzteschaft, an die mein Schreiben inzwischen weitergeleitet worden war, geführt und mein Chef wurde gedrängt, mich aus dem Konsiliardienst für das Krankenhaus abzuziehen. Solche Reaktionen finde ich höchst besorgniserregend."

Ein Arzt aus Norwegen (übersetzt)

„Ich danke Ihnen von ganzem Herzen für Ihren Artikel über die Stigmatisierung der Ungeimpften. Ich war so froh, dass sich ein Deutscher dazu geäußert hat. Ich habe in Deutschland Medizin studiert und arbeite jetzt als Augenärztin in Norwegen. Ich bin so besorgt, wenn ich mit einigen meiner deutschen Freunde telefoniere, und sie sehen die Gefahr überhaupt nicht, wenn sie über die Ungeimpften sprechen. Sie wollen mir nicht zuhören, wenn ich sage, dass auch die Geimpften das Virus verbreiten. Meine Eltern waren als junge Studenten im Zweiten Weltkrieg. Das ist noch gar nicht so lange her. Wir müssen uns der Gefahr bewusst sein, dass wir Teile der Bevölkerung als unrein behandeln. Die Menschen in Norwegen reden natürlich auch so, es scheint angemessen zu sein, solange unsere Politiker und Journalisten diese Art von Sprache unterstützen. Wir müssen für die Menschenwürde in Sprache und Verhalten kämpfen."

Eine Ärztin (übersetzt)

„Ich bin Ärztin (außerhalb Deutschlands). Ich bin sehr besorgt über die weltweite Bewegung, die COVID-19-Impfung zur Pflicht zu machen, und die Stigmatisierung ungeimpfter Menschen, da ich denke, dass grundlegende Menschenrechte verletzt werden. Außerdem bin ich misstrauisch gegenüber der Qualität der verbreiteten Informationen. In dem Bemühen, eine objektive Meinung zu diesem Thema zu erhalten, habe ich auf PubMed nach Informationen über COVID-19 gesucht. Die Informationen sprechen sich ausdrücklich für die Covid-Impfung aus, und ungeimpfte Menschen werden als Ursache für die Verbreitung von COVID angesehen. Dann bin ich auf Ihre Artikel gestoßen. Ich stimme mit Ihnen überein. Ich stimme auch mit dem überein, was Sie in Ihrem letzten Artikel schreiben (der offenbar zurückgezogen wurde). Ich hatte beobachtet, dass der neue Anstieg der COVID-19-Fälle erfolgte, nachdem die

Regierung (in vielen Ländern) die Anweisung gegeben hatte, dass geimpfte Menschen wieder wie in der Vor-COVID-Ära leben konnten: Geimpfte Menschen trugen keine Masken und hielten sich nicht an den Mindestabstand, während ungeimpfte Menschen von sozialen Aktivitäten ausgeschlossen waren, so dass letztere nicht die Ursache für den neuen Anstieg sein konnten. Im Sommer und Herbst gab es eine Zeit, in der die Menschen keinerlei Beschränkungen im Zusammenhang mit der Impfung befolgten. Die Regierungen waren zumindest unverantwortlich, wenn sie sagten, dass geimpfte Menschen keine Einschränkungen brauchen würden. Ich denke, dass der Fanatismus und die „Bemühungen" zur Stigmatisierung von Andersdenkenden gefährlich sind und mich misstrauisch machen, was wirklich vor sich geht. In der Anfangsphase der Pandemie war ich für die COVID-Impfung, jetzt kommt mir die Situation zumindest seltsam vor, und ich bin misstrauisch gegenüber der Impfung selbst geworden. Die Menschen werden ihren Arbeitsplatz verlieren und in einigen Ländern müssen sie monatliche Strafen zahlen (>60 Jahre, Griechenland: Strafe 100 Euro/Monat bei einem Grundgehalt von ~500 Euro), wenn sie sich nicht impfen lassen. Außerdem müssten die Menschen alle 3-4 Monate geimpft werden, um geschützt zu sein. Was ist hier los? Besteht die Möglichkeit, dass die wissenschaftlichen Informationen aus irgendeinem Grund (den ich im Moment nicht nachvollziehen kann) verzerrt sind, um die COVID-Impfung zu fördern? Ich werde jeden Tag mit ethischen Fragen konfrontiert und fühle mich in dieser Situation wirklich unwohl. Was könnten wir tun, um diese Situation zu ändern? Wir bewegen uns von der individualisierten Medizin zurück zur Massenmedizin und zu einer mittelalterlichen Haltung.“

6. Reaktionen von Professoren

Mehrere Professoren aus aller Welt haben sich bei mir zu Wort gemeldet, um die Stigmatisierung Ungeimpfter als gefährlich und spaltend zu kritisieren. Ihre E-Mails zeugen von einer tiefen Besorgnis über die gesellschaftliche Entwicklung und die Konsequenzen einer einseitigen politischen Agenda. Dieses Kapitel fasst ihre Standpunkte zusammen und beleuchtet die ethischen und wissenschaftlichen Bedenken, die hinter dieser Diskussion stehen.

Ein Professor aus Deutschland

> „Danke für den besonnenen Letter im Lancet. Bin völlig bei Ihnen. Die spürbare Verunsicherung der Bevölkerung und teilweise aggressive Reaktion ist wohl zu einem erheblichen Teil durch diese Stigmatisierung mit beeinflusst."

Ein Professor aus den USA (übersetzt)

> „Ich danke Ihnen für diesen kraftvollen Brief in The Lancet. Ich habe Ihre Worte sehr geschätzt und begrüße eine weitere Stimme in diesem Wahnsinn."

Ein Professor im Ruhestand aus Deutschland

> „Vielen Dank für Ihren sehr schönen und informativen Artikel im "Lancet" zum Thema Corona und Impfung, insbesondere für die faktenbasierte Darstellung des hohen Erkrankungsrisikos von Geimpften im Vergleich zu

Ungeimpften. Sie kennen sicher auch die statistische Untersuchung aus Thüringen über den Zusammenhang zwischen Impfinzidenz und Erkrankungshäufigkeit in deutschen Bundesländern: Sachsen und Thüringen als Corona "hotspots" haben derzeit die mit Abstand geringsten Impfquoten. Leider steht angesichts der Haltung unserer Politiker in Bezug auf einen Impfschutz ohne Testung - gilt bei 2G als ausreichend zur Vermeidung einer Weiterverbreitung - zu befürchten, dass die Infektionsraten in den nächsten Wochen noch erheblich weiter ansteigen werden. Einige Zehntausend Zuschauer in Fußballstadien letzte Woche, die meisten von ihnen wohl geimpft aber nicht getestet (2G), waren da offenbar kein Problem. Dafür aber Ungeimpfte mit negativem Test, die zunehmend zu Parias erklärt und vom öffentlichen Leben ausgeschlossen werden. Damit wird möglicherweise eine schon jetzt unterschwellig vorhandene Pogromstimmung gegenüber Ungeimpften bei medizinischen Laien weiter angeheizt und eine Spaltung der Gesellschaft vorangetrieben. Leider sind auch die Meinungen unserer Fachkollegen ebenso unterschiedlich wie die Virusmutationen. Und dabei ist noch kein Wort über die Impfrisiken gesagt. Nochmals danke für Ihren Artikel.“

Ein Professor aus Frankreich (übersetzt)

„Ich habe gerade Ihren Brief an den Lancet gelesen und möchte Ihnen gratulieren. Ich bin natürlich ein Befürworter der Impfung (und seit Januar mit drei Dosen geimpft), aber es ist gut, alle an die dunklen Seiten unserer Geschichte zu erinnern (Sie erwähnen die USA und

Deutschland, aber auch Frankreich hatte - und hat - seine Abartigkeiten)."

Ein Professor aus Bulgarien (übersetzt)

„Ich beglückwünsche Sie zu Ihrer würdigen Position als Heiler und Mensch und versichere Ihnen, dass Sie mit Ihrer Auffassung, die Sie in Ihrer Veröffentlichung „COVID-19: Stigmatising the unvaccinated is not justified" zum Ausdruck bringen, nicht allein sind."

Ein Professor im Ruhestand aus den USA (übersetzt)

„Herzlichen Glückwunsch zu dem großartigen Artikel in The Lancet über die Ungeimpften. Dies ist ein wichtiger Beitrag zum weltweiten Wissensstand über diese Krankheit. Vielen Dank, dass Sie die Daten gesammelt und in dieser hochrangigen Zeitschrift veröffentlicht haben. Das wird eine große Wirkung haben. Gut gemacht."

Ein Professor aus Deutschland

„Danke für Ihren mutigen Brief in LANCET bezüglich der Stigmatisierung nicht-Injizierter! Ebenso ist Ihr Artikel im Ärzteblatt bezüglich der (praktisch nicht existenten) Oberflächenübertragung spektakulär, kumuliert er doch in Ihrem Satz: "Eine regelmäßige Flächendesinfektion verringert jedoch die Diversität des Mikrobioms und erhöht die Diversität der Resistenzgene". Es wäre gut, wenn noch mehr erfolgreiche Mediziner ihre Expertise der Öffentlichkeit vermittelten. Es kann doch nicht sein, dass wir nur von Lauterbach, Wieler und Drosten informiert werden! Gut zu wissen, dass es noch vernünftige Akademiker gibt! Ich kann mich hier nicht weit aus dem Fenster lehnen, bin der einzige von 25 Kollegen, der zivilisatorisch noch einigermaßen normal tickt. Alle anderen nicken alles kritiklos ab, was aus Berlin über seine Medien ertönt. Wie weit sind wir in Deutschland gekommen? Wenn selbst an den Unis nichts mehr hinterfragt und (teilweise) kontrovers diskutiert wird, ist unsere Gesellschaft in einer Denk-Sackgasse, die sie auch noch zur Einbahnstraße deklariert hat."

7. Reaktionen von Wissenschaftlern

Einige Wissenschaftler und Experten warnten vor der Gefahr, gesellschaftliche Spaltung und Feindseligkeit zu fördern, während der Fokus auf Kooperation und rationalen Lösungen gerichtet werden sollte. Ihre E-Mails beleuchten die weitreichenden Konsequenzen politischer Entscheidungen und fordern einen differenzierten Blick auf die epidemiologische Lage.

Ein Wissenschaftler aus Deutschland

> „Ich habe Ihren Artikel „COVID-19: stigmatising the unvaccinated is not justified" in The Lancet gelesen und möchte Ihnen hierfür meinen aufrichtigen Dank aussprechen. Als (fachfremder) Wissenschaftler hoffe ich inständig, dass Sie mit diesem Artikel, sowie dem Letter „The epidemiological relevance of the COVID-19-vaccinated population is increasing" ebenfalls in The Lancet einen Beitrag zu einem wirklich vernünftigen und rationalen Umgang mit Covid-19 in der Gesellschaft und Politik leisten können. Den eingeschlagenen Weg der Politik mit dem weiter steigenden Druck auf ungeimpfte Mitmenschen, sowie der drohenden Impfpflicht als alleinigen Ausweg im Umgang mit Covid-19 halte ich persönlich für sehr gefährlich und für nicht gerechtfertigt. Zugleich bin ich sehr irritiert, dass die zunehmende Übersterblichkeit in Deutschland und Großbritannien in den Medien und der Politik nicht thematisiert wird. Haben Sie eine Erklärung für diese Übersterblichkeit?“

Ein Universitätswissenschaftler aus Österreich

„Herzlichen Dank für Ihren mutigen Brief und Ihr Statement."

Ein Wissenschaftler aus Deutschland

„Ich möchte mich bei Ihnen bedanken, dass Sie den Mut haben und einen, meiner Meinung nach, richtigen und notwendigen Appell ausrufen, der nicht gerade populär ist. Ich beziehe mich dabei auf ihren Artikel vom November 2020 "COVID-19: stigmatising the unvaccinated is not justified". Ich finde es äußerst bedenklich, in diesen schwierigen Zeiten, gegen einen Teil der Bevölkerung, in dem Fall die Ungeimpften, zu hetzen. Die Wirksamkeit des Impfstoffs mal ausgeklammert, sollten wir alle miteinander arbeiten, um das Virus zu bekämpfen. Spaltung und Hass führt definitiv nicht in eine für die Gesellschaft wünschenswerte Richtung."

Ein Datenanalyst aus Irland (übersetzt)

„Ich habe Ihren Lancet-Artikel (COVID-19: Stigmatising the unvaccinated is not justified) mit großem Interesse gelesen, und Sie könnten nicht richtiger liegen. Die Behörden machen die Ungeimpften dafür verantwortlich, dass die Sonne am Morgen nicht aufgeht. Aus den öffentlich zugänglichen Daten des irischen Zentrums für Gesundheitsüberwachung geht hervor, dass in den Monaten Oktober und November mehr als 80% der Fälle und Todesfälle bei geimpften Personen aufgetreten sind. Irland ist zu diesem Zeitpunkt zu etwa 92% geimpft. Die Ansteckungs- und Sterblichkeitsrate folgt also genau der Impfrate."

8. Reaktionen von Studenten

Junge Studenten aus Großbritannien und Deutschland haben mir geschrieben, um die Stigmatisierung Ungeimpfter und die Auswirkungen politischer Entscheidungen auf die Gesellschaft zu kritisieren. Ihre Briefe spiegeln nicht nur ihre Sorgen über die aktuelle Situation wider, sondern auch ihre Vision einer stärker auf Vernunft, Mitgefühl und Aufklärung basierenden Zukunft. Dieses Kapitel beleuchtet die bewegenden und oft mutigen Gedanken einer Generation, die sich inmitten der Pandemie zwischen Wissenschaft, Politik und Ethik orientiert.

Eine Studentin aus Großbritannien (übersetzt)

„Ich bin Pharmaziestudentin im vierten Jahr und interessiere mich besonders für das öffentliche Gesundheitswesen. Nächstes Jahr beginne ich meine Ausbildung zum „Junior Pharmacist“. Ich habe unter anderem Ihren inspirierenden Artikel „COVID-19: Stigmatising the unvaccinated is not justified“ gelesen. Die Richtung, in die sich die politische Agenda bewegt, ist auch für mich sehr beunruhigend. Vor allem fühlte ich mich veranlasst, Ihnen zu schreiben und Ihnen persönlich dafür zu danken, dass Sie eine heimtückische Stigmatisierung durch viele Regierungen und Medien ans Licht gebracht haben, sowie für die treffende Ermahnung am Ende an uns alle, „eine zusätzliche Anstrengung zu unternehmen, um die Gesellschaft zusammenzubringen“. Im Vereinigten Königreich ist es so, dass trotz des enormen landesweiten Mangels an Ärzten, Krankenschwestern usw. viele Angehörige der Gesundheitsberufe aufgrund ihres Impfstatus' entlassen worden sind. Doch Berichten zufolge werden geimpfte Mitarbeiter, die positiv getestet wurden, sogar aufgefordert, unverzüglich an ihren Arbeitsplatz zurückzukehren, während der Druck auf das knarzende System durch weitere Omikron-Fälle zunimmt. Ich bin so dankbar, dass das Bewusstsein für dieses Problem geweckt wurde."

Eine Studentin aus Deutschland (übersetzt)

„Ich wollte Ihnen nur für Ihren Artikel im Lancet danken. Es muss Mut erfordert haben, diesen Artikel zu schreiben, der sich gegen die Vorgaben der Regierung und gegen die sozialen Medien, Big Pharma und das ÖRR-Narrativ richtet. Ich hoffe aufrichtig, dass alle Ihre Forscherkollegen zumindest Ihre Haltung unterstützen! Ich bin selbst Wissenschaftlerin an einer deutschen Universität und kann nicht einmal vor meinen linken Kollegen sagen, dass ich der Meinung bin, dass Geimpfte nicht geächtet, nicht aus dem öffentlichen Leben ausgeschlossen und nicht vom Studium oder der Arbeit ausgeschlossen werden sollten. Sie alle sind der Meinung, dass die Ungeimpften ihre Gesundheitsversorgung selbst bezahlen und ihren Arbeitsplatz verlieren sollten, wenn sie sich nicht an die Vorgaben halten! Was ist nur aus der Toleranz und dem Mitgefühl geworden? Es ist wirklich beängstigend, was ich hier sehe, und das sind Leute mit Doktortitel. Ich bin froh, dass besonnene Wissenschaftler wie Sie sich wenigstens die Daten ansehen und versuchen, das Land wieder zu vereinen."

Ein Student aus Deutschland

„Als deutscher Bürger habe ich mir viele Fragen zu diesem Thema vor allem mit Blick auf unsere Geschichte gestellt und fand deshalb, dass Ihr Brief richtig und mutig war. Weiterhin fand ich, dass Sie mit Ihrer Überlegung, die zum Brief führte und der Veröffentlichung dieses Briefs Ihre Pflicht als Bürger und Mensch beispielhaft erfüllen. Dabei meine ich Ihre Pflicht, von Ihrer Vernunft und Ihrem Verstand gebraucht zu machen. "Aufklärung ist der Ausgang des Menschen aus seiner selbst verschuldeten Unmündigkeit" schrieb Kant und daran musste ich denken, als ich Ihren Brief las. P.S. Es wird Sie vielleicht interessieren, dass ich ein junger und geimpfter Student bin. Ich halte es für eine (soweit es die Wissenschaft heute belegen kann) gute Idee vom Impfmittel gebraucht zu machen, aber kann die zwei letzten Sätze Ihres Briefes nur vollherzig zustimmen, denn es gibt weitaus gefährlichere Sachen, als ein tödlicher Virus.“

9. Reaktionen von Psychologen

Psychologen aus zwei Ländern bieten in ihren E-Mails eine aufschlussreiche Analyse der gesellschaftlichen Auswirkungen der Pandemie. Sie thematisieren die moralische Verantwortung von Wissenschaft und Medien, die psychologischen Mechanismen hinter der Stigmatisierung und die Gefahren einer Massenbeeinflussung. Ihre Stimmen eröffnen eine Diskussion über die psychologischen Konsequenzen der politischen und sozialen Entscheidungen dieser Jahre und deren langfristige Auswirkungen auf das kollektive Wohl.

Eine Psychologin aus Großbritannien (übersetzt)

„Ich möchte Ihnen dafür danken, dass Sie den Mut haben, Vernunft und Wahrheit auszusprechen, und das in einer Zeit, in der Wissenschaftlern ein Maulkorb verpasst wird und Menschen durch das, was ich für Massenhypnose halte, negativ beeinflusst werden. Ich spreche in der Tat aus Erfahrung, denn ich bin zertifizierter Hypnotherapeut mit einem Diplom in Hypnotherapie. Die psychologischen Psychospielchen, die sie betreiben, sind unmoralisch und unverantwortlich. Diese Art der Stigmatisierung ist in Nazi-Deutschland nicht gut ausgegangen."

Eine Psychologin aus Deutschland

„Ich wünsche Ihnen, dass Sie keine persönlichen Nachteile durch Ihre Correspondence im Lancet erfahren."

10. Reaktionen aus der Pflege

Ich habe drei E-Mails von Krankenschwestern erhalten, in denen sie sich für den Inhalt meines Schreibens bedanken. Im Folgenden gebe ich die Gedanken einer Krankenschwester anonym wieder.

Eine Krankenschwester aus Kanada (übersetzt)

> „Vielen Dank für den Artikel und den Aufruf zur Vernunft. Ich weiß Ihre Worte sehr zu schätzen. Hören Sie nicht auf."

11. Weitere Reaktionen

In diesem Kapitel kommen verschiedene Fachleute zu Wort, die sich in ihren E-Mails kritisch mit den politischen und gesellschaftlichen Entwicklungen der Pandemie auseinandersetzen. Ob Rechtsanwälte, Politiker oder Gesundheitsberufe – sie alle betonen die Notwendigkeit einer rationalen und gerechten Debatte. Ihre Besorgnis über die Ausgrenzung von Ungeimpften und die Schaffung eines gesellschaftlichen Klimas der Spaltung wirft wichtige Fragen auf, die in einer demokratischen Gesellschaft nicht unbeantwortet bleiben sollten.

Eine Rechtsanwältin aus Deutschland

„Vielen Dank für Ihren Artikel. Ich bemühe mich hier auch, dass Vernunft und Menschlichkeit obsiegen und eine offene wissenschaftliche Diskussion wieder stattfindet. Wir verursachen gerade einen fundamentalen Wandel an all unseren Grundlagen. Das System greift sich quasi autoimmun an auf der Ebene des Rechts und der Ethik. Die Werte und Grundlagen werden ad absurdum geführt."

Ein Senator aus Italien (übersetzt)

„Ihr im Lancet veröffentlichter Artikel über die „Pandemie der Ungeimpften" hat uns sehr beeindruckt. Dies ist ein Thema, das uns sehr am Herzen liegt und mit dem wir uns in den letzten Wochen auch auf politischer Ebene beschäftigen."

Ein Osteopath aus Deutschland

„Ich möchte Ihnen sehr für Ihre Stimme in diesen Zeiten Danken. Ihre letzten Lancet Artikel sollten Ihren Platz in den Schlagzeilen der Medien bekommen. Ich hatte vor ein paar Wochen ein Gespräch mit einem Professor über die Konsequenzen der Ausgrenzung der Ungeimpften. Seine Forschungsergebnisse über massenpsychologische Phänomene lassen nichts Gutes erwarten, wenn sie diesen Trend in den Medien und der Politik zementieren. Ich danke Ihnen sehr für Überblick und Konsequenz in dieser Zeit."

Ein Bürgerrechtler aus Deutschland

„Ich danke Ihnen sehr für Ihren Beitrag in Lancet, es ist so deprimierend zu sehen, wie der Ton in den Medien und in der Politik die niedrigsten Instinkte in der Bevölkerung weckt. Ich mache mir große Sorgen, nicht um mich, sondern um meine Enkelkinder, die all die heutigen Fehlentscheidungen ausbaden müssen. Es macht mich krank, dass ich sie nicht davor schützen kann."

Ein Apotheker aus Kanada (übersetzt)

„Ich danke Ihnen sehr für Ihren Artikel. Durch meine Arbeit in einem Krankenhaus hatte ich die Gelegenheit, die Folgen dieser Stigmatisierung zu beobachten. Schon von Anfang an waren alle veröffentlichten Informationen nicht schlüssig in Bezug auf das Risiko, das ungeimpfte Personen im Vergleich zu einem asymptomatischen geimpften Virusträger darstellen würden. Da in unseren Einrichtungen aufgrund des Mangels an Gesundheitspersonal und der Kosten für die häufigen

Tests eine massive Testung nie in Frage kam, ist die tatsächliche Infektionsrate bei den Beschäftigten im Gesundheitswesen unbekannt. Auch falsch negative Tests sind ein zusätzliches Problem. Die Stigmatisierung der Ungeimpften ist nicht nur unangemessen, sondern auch wissenschaftlich falsch. Unsere Politik hindert eine Person mit Symptomen daran, zur Arbeit oder an einen anderen öffentlichen Ort zu gehen. Aber eine geimpfte asymptomatische Person, die die gleiche Viruslast in sich trägt (wie wir bereits wissen), kann ein größeres Risiko eingehen, indem sie zur Arbeit geht, da diese Person sich ihrer Infektion nicht bewusst ist. Nochmals vielen Dank, dass Sie Ihre Bedenken geäußert haben."

12. Die Reaktion der Universität

Als externer Wissenschaftler bin ich seit 2009 außerplanmäßiger Professor für Hygiene und Umweltmedizin an der Universität Greifswald. Doch Ende 2021 gab es offenbar selbst auferlegte Tabus im Denken in Teilen der wissenschaftlichen Gemeinschaft. Am 14. Dezember 2021 erhielt ich eine offizielle E-Mail mit folgendem Inhalt, den ich hier auszugsweise zitiere:

> *"Um künftigen Imageschaden zu vermeiden, muss ich Dich auffordern, Beiträge mit der Affiliation ... mir in jedem Fall zur Freigabe vorzulegen, um zu verhindern, dass fachlich unhaltbare Stellungnahmen wie die beiden letzten Letter im Lancet von Dir mit der Greifswalder Affiliation erscheinen. Da wir die von Dir getroffenen Aussagen nicht stehen lassen können, weil sie eine untragbare Verunsicherung zur Folge haben können, werden wir eine Erwiderung verfassen."*

Ein Manuskript, das vor der Einreichung von einem Vertreter der Universität genehmigt werden muss? Das kann als Versuch einer präventiven Zensur gesehen werden. Ich war bis zu diesem Tag überzeugt, dass die Freiheit der Wissenschaft in Deutschland gesichert sei. Präventivzensur könnte es doch nur in Nordkorea geben, aber nicht in Deutschland! Offensichtlich hatte ich mich geirrt.

Und man hielt es offenbar nicht einmal für nötig, mir genau zu erklären, um welche konkreten Publikationen es sich handelt und welche der Aussagen als „wissenschaftlich unhaltbar" eingestuft wurden. Die „beiden letzten Letter im Lancet" wären derjenige über die ungerechtfertigte Stigmatisierung von Ungeimpften und ein Artikel vom 4. Februar 2021 gewesen, in dem Martin Kulldorff und ich eine sorgfältige Abwägung von Nutzen und Risiken der COVID-19-Maßnahmen forderten [6].

Vielleicht waren auch alle Lancet-Zeitschriften gemeint? In diesem Fall könnten es der Brief über die ungerechtfertigte Stigmatisierung von Ungeimpften und ein Brief in The Lancet Regional Health - Europe über die in Teilen unzutreffende Argumentation der Leopoldina zur Rechtfertigung eines weiteren Lockdowns gewesen sein [7], ein Brief, der am 12. Januar 2022 wegen der Veröffentlichung einer Vorversion dieses Manuskripts durch den Verlag zurückgezogen wurde [8]. Was auch immer der Vertreter der Universität gemeint haben mag, mir wurde weder gesagt, welche zwei Veröffentlichungen so viel Sorge bereiten, noch was genau als „fachlich unhaltbare Stellungnahmen" mit „Imageschaden" und „untragbarer Verunsicherung" angesehen wird.

Ich suchte Rat bei vertrauten Kollegen an anderen Universitäten und konnte mein Anliegen einem Verfassungsrechtler vortragen. Er half mir bei der Einschätzung, ob ich als externer Wissenschaftler mit dem Titel eines außerplanmäßigen Professors an der Universität von der durch das Grundgesetz geschützten akademischen Freiheit gedeckt bin. Dies ist die Aussage:

„Die erste Frage, die sich verfassungsrechtlich stellt, ist die, ob Sie Träger der Wissenschaftsfreiheit (Art. 5 Abs. 3 Satz 1 GG) sind. Daran kann kein ernsthafter Zweifel bestehen, da sie habilitiert sind und an der Universität Greifswald den Status eines außerplanmäßigen

Professors innehaben, womit Ihnen die eigenständige Vertretung eines wissenschaftlichen Faches übertragen wurde (vgl. BVerfGE 35, 79 [112]; 95, 193 [209]).

Die zweite Frage gilt dem konkreten Schutz, den sie damit genießen. Hier gilt Folgendes: Geschützt ist unter dem Wissenschaftsaspekt der Forschung (Art. 5 Abs. 3 Satz 1 GG) nach der Rechtsprechung insbesondere die freie, d.h. eigenständige und selbstbestimmte Wahl von Fragestellungen und Methodik, die gesamte praktische Durchführung eines Forschungsprojekts sowie die Bewertung und Verbreitung der Forschungsergebnisse (BVerfGE 35, 79 [113]), wobei es im Einzelfall nicht auf die Richtigkeit der wissenschaftlichen Methoden und Ergebnisse ankommt, die ohnehin nicht objektiv gerichtlich festgestellt werden. Keine staatliche Stelle, auch nicht die Universität und ihre Selbstverwaltungsorgane, darf in die dem Wissenschaftler gewährleistete Freiheit der wissenschaftlichen Eigeninitiative sowie der Wahl und Durchführung seines Forschungsvorhabens eingreifen (BVerfGE 57, 70 [95]). Dazu gehört es auch, dass Fachbereiche zur Qualität der wissenschaftlichen Tätigkeit eines einzelnen Hochschullehrers keine amtlichen Stellungnahmen abgeben dürfen (BVerwGE 102, 304 [312]). Wendet man diese Regeln auf Ihren Fall an, so muss man zu dem Ergebnis kommen, dass eine Publikation in der medizinischen Fachzeitschrift Lancet eine wissenschaftliche Publikation im geforderten Sinn ist. Der Fachbereich darf Sie deshalb nicht daran hindern, in voller Eigeninitiative und Selbstbestimmung sowie unter Nennung Ihrer akademischen Institution („Affiliation“)

entsprechende Veröffentlichungen zu tätigen. Er darf insbesondere auch nicht eine vorherige „Vorlage zur Freigabe“ (d.h. Zensur) anordnen. Und er darf Ihre Veröffentlichungen schließlich auch nicht durch das Verfassen einer „Erwiderung“ amtlich kommentieren und damit diskreditieren. Nicht ausgeschlossen ist damit selbstverständlich eine fachliche Erwiderung durch Fachkollegen in einer Ihrer Publikation entsprechenden Publikation, zum Beispiel ebenfalls in Lancet oder in einer anderen Fachzeitschrift. Dies wäre der richtige Weg der wissenschaftlichen Auseinandersetzung über Fachfragen und – ich erlaube mir diese Anmerkung –: der einzig richtige Weg zur Vermeidung einer „untragbaren Verunsicherung“ der Öffentlichkeit über aktuelle Vorgänge im Bereich der Wissenschaft.“

Am 27. Dezember 2021 antwortete ich auf die E-Mail des Universitätsvertreters und schrieb den folgenden Text:

„Eine Aufforderung dieser Art halte ich für unüblich, da normalerweise die Herausgeber der Fachzeitschriften auf Basis von Fachgutachten eine wissenschaftliche Arbeit einschließlich Leserbriefen bewerten und anschließend eine Entscheidung hinsichtlich einer Veröffentlichung treffen. Nach einer ersten Einschätzung betrachte ich mich laut Grundgesetz als Träger der Wissenschaftsfreiheit, da ich an der Universität Greifswald ... den Status eines außerplanmäßigen Professors innehabe, womit mir die eigenständige Vertretung eines wissenschaftlichen Faches übertragen wurde. In der Folge sehe ich damit die freie, d. h. eigenständige und selbstbestimmte Wahl von Fragestellungen und Themen zur Veröffentlichung als geschützt an. Nach

meiner Kenntnis darf die Universität nicht in die dem Wissenschaftler gewährleistete Freiheit der wissenschaftlichen Eigeninitiative eingreifen. Deine Aufforderung steht für mich somit im Widerspruch zu der im Grundgesetz verankerten Wissenschaftsfreiheit, ich empfinde sie als Präventiv- bzw. Vorzensur. Ab sofort kann ich gern einen Disclaimer in Manuskripten ergänzen, der klar macht, dass es um eine persönliche Sichtweise geht: „The views expressed here are those of the author and do not necessarily reflect those of his university." Dadurch bleibt es grundsätzlich möglich, dass die Universität eventuell einen anderen Standpunkt nach außen vertritt.“

Einen Tag später erhielt ich die Antwort:

„Ob eine Fußnote "The views expressed here are those of the author and do not necessarily reflect those of his university" ausreichend ist, wenn eine politische Auffassung, die zudem mit fachlich falschen Aussagen hinterlegt wird und der Auffassung des ... widerspricht, kann ich aus rechtlicher Sicht nicht beurteilen. Deshalb leite ich den Schriftverkehr an unsere Rechtsabteilung mit der Bitte um Klärung weiter.“

Mir wurde zugesagt, dass ich nach der rechtlichen Klärung kontaktiert würde. Bis heute, als fast drei Jahre später, habe ich keine Antwort erhalten. Vielleicht bewertete die Rechtsabteilung den Versuch der präventiven Zensur durch den Vertreter der Universität ähnlich wie ich.

Am 5. Januar 2022 erhielt ich eine Nachricht vom Herausgeber von The Lancet Regional Health - Europe. Darin wurde mir mitgeteilt, dass das Büro einen Brief als Antwort auf meine früheren Briefe erhalten hatte. So fand ich erstmals heraus, welche meiner Letter Anlass zur Sorge bei den Greifswalder Kollegen gegeben hatten. Es handelte sich um den Brief über die unangemessene Stigmatisierung der Ungeimpften in The Lancet und einen anderen Beitrag, der sich auf offizielle Daten des Robert-Koch-Instituts stützte, um zu zeigen, dass die epidemiologische Bedeutung der COVID-19-Geimpften zunimmt, veröffentlicht in The Lancet Regional Health - Europe [9]. Die Gegendarstellung meiner Kollegen wurde zu diesem Zeitpunkt abgelehnt, da die Herausgeber der Meinung waren, dass ihr Beitrag eine grobe Fehlinterpretation war, um meinen Veröffentlichungen zu begegnen. Die Herausgeberin schrieb (übersetzt):

> *"Die Kernaussage der beiden veröffentlichten Briefe von Dr. Kampf ist, dass wir geimpfte Menschen als Infektionsquelle in Betracht ziehen sollten, da wir wissen, dass geimpfte Menschen das Virus immer noch übertragen und infiziert werden können."*

Das ist genau das, was ich in beiden Briefen zu beschreiben versucht habe, nicht nur die Ungeimpften sind mögliche Übertragungsquellen. Aber einige meiner Kollegen lasen meine Texte ganz anders.

Selbst wenn es „nur" die Äußerung einer Meinung in einer Fachzeitschrift gewesen wäre, die ganz offensichtlich sachlich falsch ist, würde sie dennoch unter die Meinungsfreiheit fallen. Im Grundgesetz heißt es in Artikel 5 Absatz 1 Satz 1: „Jeder hat das Recht, seine Meinung in Wort, Schrift und Bild frei zu äußern und zu verbreiten und sich aus allgemein zugänglichen Quellen ungehindert zu unterrichten."

Am 28. November 2011 wurde ein Grundsatzurteil des Bundesverfassungsgerichts zur Meinungsfreiheit nach dem Grundgesetz Artikel 5 Absatz 1 Satz 1 verkündet [10]. Darin heißt es:

„Vom Schutzbereich der Meinungsfreiheit umfasst sind zum einen Meinungen, das heißt durch das Element der Stellungnahme und des Dafürhaltens geprägte Äußerungen. Sie fallen stets in den Schutzbereich von Artikel 5 Absatz 1 Satz 1 Grundgesetz, ohne dass es dabei darauf ankäme, ob sie sich als wahr oder unwahr erweisen, ob sie begründet oder grundlos, emotional oder rational sind, oder ob sie als wertvoll oder wertlos, gefährlich oder harmlos eingeschätzt werden. Sie verlieren diesen Schutz auch dann nicht, wenn sie scharf und überzogen geäußert werden."

Diese Erfahrung hat meinen Blick auf die universitäre Wissenschaftsfreiheit nachhaltig geprägt. Es gab Universitätswissenschaftler, die prüfen und letztlich entscheiden wollten, ob meine Manuskripte für wissenschaftliche Zeitschriften nach ihren persönlichen Maßstäben akzeptabel waren. Zuvor hatte ich auf Kontroversen und Debatten unter Kollegen vertraut und sah die Universität als letzte große Bastion zur Verteidigung der Wissenschaftsfreiheit. Jetzt erlebte ich, wie versucht wurde, Kontroversen und Debatten und damit letztlich die universitäre Wissenschaftsfreiheit einzuschränken.

13. Zwei im Lancet veröffentlichte Reaktionen

Als Reaktion auf meine Lancet Korrespondenz gab es zwei Leserbriefe, die ebenfalls im Lancet veröffentlicht wurden.

Ein Universitätsethiker aus den USA

Arthur Caplan von der Abteilung für medizinische Ethik in New York verfasste eine Entgegnung auf meine Veröffentlichung. Er sah die Ungeimpften als moralisch rechenschaftspflichtig und verantwortlich für ein Verhalten, das zu einem vorhersehbaren Schaden führt oder diesen verursacht. Er schrieb (nachfolgend übersetzt) [11]:

> *"Diejenigen zu kritisieren, die durch ihre Nichtimpfung in großer Zahl in Krankenhäusern und Leichenhallen landen, die endlichen Ressourcen belasten und die Pandemie verlängern, indem sie eine höhere Virusübertragung zulassen, ist keine Stigmatisierung, sondern eine verdiente moralische Verurteilung. Diejenigen, die sich nicht impfen lassen, schaden nicht nur sich selbst, sondern auch ihren Gemeinden. Das ist unangemessenes, egoistisches Verhalten."*

Seiner Ansicht nach hätten die Ungeimpften eine höhere Wahrscheinlichkeit, ins Krankenhaus eingeliefert zu werden oder zu sterben, während die Geimpften eine geringere Wahrscheinlichkeit hätten, ins Krankenhaus eingeliefert zu werden oder zu sterben. Diese Ansicht ignoriert jedoch die Tatsache, dass nicht die gesamte

Bevölkerung von einer COVID-19-Impfung profitiert, sondern vor allem Gruppen mit einem erhöhten Risiko. Sie ignoriert auch die Schäden, die durch COVID-19-Impfstoffe verursacht werden können, einschließlich schwerer Autoimmunerkrankungen und Todesfälle. Und sie ignoriert die natürliche Immunität, die einen besseren Schutz gegen SARS-CoV-2 bietet.

Eine andere Ansicht von ihm ist, dass die Ungeimpften die Pandemie verlängern werden, indem sie höhere Raten der Virusübertragung zulassen, jedoch zitierte Caplan keinen Beleg für seine Behauptung. Diese Ansicht war im Jahr 2021 sehr populär und wurde von einigen Politikern und Wissenschaftlern immer wieder geäußert, doch sie hat sich nicht als richtig erwiesen. Weder die Viruslast, noch die Dauer der Virusausscheidung, noch die sekundären Übertragungsraten lieferten konsistente und überzeugende Beweise dafür, dass das Risiko einer Übertragung auf Kontaktpersonen bei Ungeimpften höher war. Daher konnte diese Aussage von Caplan im Jahr 2021 als fragwürdig betrachtet und heute als falsch angesehen werden [12].

Wenn ein Bürger sein Risiko für eine schwere oder kritische COVID-19-Erkrankung als gering einschätzt, und wenn dieselbe Person das Risiko einer schweren unerwünschten Wirkung nach der Impfung für sich selbst sieht, ist es weder unangemessen noch egoistisch, sich nicht impfen zu lassen. Der Weltärztebund schreibt in seinem Handbuch der medizinischen Ethik aus dem Jahr 2015 (nachfolgend übersetzt):

"Der Patient hat das Recht auf Selbstbestimmung, auf freie Entscheidungen über sich selbst. Der Arzt wird

den Patienten über die Folgen seiner Entscheidungen informieren."

Caplan hielt das ethische Prinzip der Selbstbestimmung offenbar für ein moralisch verwerfliches, unangemessenes und egoistisches Verhalten. Eine Ansicht, die ich nicht teilen kann.

Zwei Universitätswissenschaftler aus Australien

Eine weitere Entgegnung erfolgte durch Sam Egger und Garry Egger. Sie stellten die Präsentation der Zahlen in Frage. Sie argumentierten, dass im Zusammenhang mit COVID-19-Impfstoffen die Fehleinschätzung der Grundrate oft als die Illusion beschrieben wird, dass Impfstoffe unwirksam sind, weil in stark geimpften Populationen die Mehrzahl der COVID-19-Fälle unter geimpften Personen auftritt [13].

Dies ist sicherlich richtig, ändert aber nichts an der Tatsache, dass eine beträchtliche Anzahl neuer COVID-19-Fälle auch unter den vollständig Geimpften auftrat. Und die öffentlich verfügbaren Fallzahlen allein unterscheiden nicht zwischen asymptomatischen, leichten, moderaten, schweren, kritischen und tödlichen Fällen, eine Unterscheidung, die für die Beurteilung medizinisch relevanter Risiken unerlässlich ist [14].

14. Toleranz

Toleranz ist ein grundlegendes Element für ein harmonisches und respektvolles Miteinander in einer Gesellschaft. Sie ermöglicht es den Menschen, unterschiedliche Meinungen, Lebensweisen und kulturelle Hintergründe zu akzeptieren und zu respektieren. Toleranz fördert den Dialog und das Verständnis zwischen Individuen, was zu einem friedlichen Zusammenleben beiträgt. Ohne Toleranz hingegen kann eine Gesellschaft schnell in Konflikte und Spaltungen abgleiten. Wenn gegenüber bestimmten Gruppen oder Individuen Intoleranz herrscht, führen die Spannungen oft zu Diskriminierung, Ausgrenzung und sogar Gewalt. Historisch gesehen haben solche gesellschaftlichen Brüche schwerwiegende Konsequenzen für die soziale Stabilität und das Wohlbefinden aller Bürger. Daher sollte der Einsatz für Toleranz nicht nur eine Verpflichtung, sondern auch eine Notwendigkeit sein, um den sozialen Frieden in der Gesellschaft zu wahren.

14.1. Toleranz in der Wissenschaft

Schauen wir uns zunächst die Reaktionen auf meinen Lancet Brief an. Erstaunlich an der großen Zahl der Antworten war, dass einige Leute es für mutig hielten, einen Brief mit diesem Inhalt zu schreiben. Ein Leser drückte sogar die Hoffnung aus, dass mir dieser Brief keine Nachteile bringen würde. Ja, in einer Zeit, in der die große Mehrheit der Medien und viele Wissenschaftler die Ungeimpften als die größte Gefahr für die Volksgesundheit ansahen, schwamm jeder, der diese These in Frage stellte, gegen den Strom.

Viele Ärzte, Wissenschaftler und Universitätsdozenten haben sich bei mir für diesen kurzen Artikel bedankt. Es hat mir gutgetan und war völlig unerwartet. Ebenso unerwartet war die Reaktion eines Vertreters der Universität Greifswald, der versuchte, präventiv zu zensieren. Das Grundgesetz schützt die Freiheit der Wissenschaft. Als Träger dieser Freiheit in meiner Funktion als außerplanmäßiger Professor bin ich frei in der Auswahl und Veröffentlichung von Themen und Texten, solange die Herausgeber der Zeitschriften die Texte zur Veröffentlichung akzeptieren. Die Universität hat kein Recht, sich einzumischen oder zu zensieren. Und doch hat man es versucht. Das ist beängstigend!

Hätte derjenige, der mich aufforderte, vor der Einreichung meiner Manuskripte um Erlaubnis zu fragen, den Geist der Wissenschaftsfreiheit gelebt, hätte er diesen Versuch nie unternommen, sondern mit tiefer Überzeugung nach außen kommuniziert, dass er selbst aus fachlicher Überzeugung einen völlig anderen Standpunkt vertrete und in die Diskussion einbringen werde, dass er aber schützend vor mir stehe, weil Kontroversen nun einmal zur Wissenschaft gehörten und die Veröffentlichung anderer Standpunkte in den Fachzeitschriften auch. Aber von dieser souveränen Haltung im Sinne der wissenschaftlichen Freiheit waren diese Kollegen weit entfernt. Es lag ein autoritärer, fast totalitärer Geist in diesem Versuch.

Und die Freiheit der Wissenschaft ist immer noch in Gefahr. Dazu ein Beispiel aus dem Jahr 2024. Eine niederländische Arbeitsgruppe beschreibt in der Zeitschrift BMJ Public Health die Übersterblichkeit in 47 Ländern zwischen 2020 und 2022. Nur in der Diskussion der Studie wird vage angedeutet, dass die COVID-19-Impfung dazu beigetragen haben könnte. Die Arbeit wurde am 3. Juni 2024 veröffentlicht [15]. Bereits am 11. Juni 2024 distanzierte sich das Princess Máxima Center, an dem die Erstautorin arbeitet, von dieser Veröffentlichung und drückte sein tiefes Bedauern darüber aus, dass diese Veröffentlichung den Eindruck erwecken könnte, die Bedeutung der COVID-19-Impfung könne in Frage gestellt werden [16].

Und warum distanziert sich ein Arbeitgeber, für den die Freiheit der Wissenschaft gelten sollte, von den Inhalten einer Veröffentlichung seiner eigenen Mitarbeiter? Der angemessene Weg wäre das Erstellen und Einreichen eines Leserbriefs gewesen, in dem auf Basis nachvollziehbarer Gründe dargelegt wird, warum andere Wissenschaftler einen abweichenden Standpunkt vertreten.

Die Freiheit der Wissenschaft in der Europäischen Union wurde zuletzt im Jahr 2023 bewertet. Acht von neun Ländern mit einem unterdurchschnittlichen Niveau der Wissenschaftsfreiheit haben in den letzten zehn Jahren einen statistisch signifikanten Rückgang der Wissenschaftsfreiheit erlebt, was auf eine Erosion dieses wichtigen akademischen Grundwerts hinweist [17]. Dieses Ergebnis deckt sich mit meinen persönlichen Erfahrungen.

Walter Hirsch schrieb 1961 (übersetzt) [18]:

„Totalitäre Gesellschaften versuchen, ihre Ziele durch eine maximale Politisierung des Lebens durchzusetzen, z. B. indem sie die Relevanz ALLER Verhaltensweisen für die gesellschaftlichen Ziele betonen, die weitgehend von der politischen Autorität bestimmt werden, und indem sie individuelle Wahlmöglichkeiten, die als gegensätzlich oder irrelevant für diese Ziele angesehen werden, stark einschränken. Die Mittel dazu sind ideologische Indoktrination, zentralisierte Planung, das Führungsprinzip und die Zerschlagung „privater" Gruppen und Institutionen, die als sozial schädlich angesehen werden."

Im Jahr 2021 unterstützte die Mehrheit der Wissenschaftler, Politiker und Medien das Ziel, eine möglichst hohe COVID-19-Impfquote zu erreichen. Dieses Ziel wurde von der Politik weitgehend vorgegeben und parallel dazu durch eine starke Einschränkung der individuellen Lebensmöglichkeiten unterstützt (z. B. erhebliche Einschränkung der Möglichkeiten des öffentlichen Lebens in Deutschland für Ungeimpfte; „2G").

Die öffentliche und wiederholte Stigmatisierung der Ungeimpften kann als ideologische Indoktrination angesehen werden, das Führungsprinzip findet sich in der versuchten präventiven Zensur in der universitären Wissenschaft. Meine Worte wurden in einer Mitteilung an mich als potentiell zu „untragbare Verunsicherung" führend bezeichnet, Hirsch verwendete den Ausdruck „sozial schädlich".

In der Tat gibt es einige überraschende Parallelen zwischen den von Hirsch beschriebenen Merkmalen totalitärer Systeme und der Behandlung von Ungeimpften und dem Umgang mit Andersdenkenden während der Pandemie im Jahr 2021.

Issac Asimov (1988) „Der traurigste Aspekt derzeit ist, dass die Wissenschaft schneller Wissen sammelt, als die Gesellschaft Weisheit.“

14.2. Toleranz in der Gesellschaft

Die gesellschaftliche Toleranz gegenüber Andersdenkenden wird immer schwächer. Dies wurde während der intensiven Phase der Pandemie sehr deutlich. Doch wie konnte es dazu kommen?

Menschen reagieren auf Bedrohungen häufig mit Verallgemeinerungen, die durch eine Fehleinschätzung von Risiken, eine selektive Auswahl ihrer Informationen oder die mangelnde Bereitschaft zur Aktualisierung eigener Überzeugungen auf der Grundlage neuer Informationen bedingt sind. Heute weiß man, dass diese Prozesse einige Menschen dazu veranlasst haben, eine einzige Information - den COVID-19 Impfstatus - als Heuristik zu verwenden, um Urteile über die Schuld von Einzelpersonen zu fällen. Dabei spielte es keine Rolle, ob sie statistisch gesehen häufiger medizinische Versorgung benötigen, eine ernsthafte Bedrohung für die Gesundheit anderer darstellen, sich bereits von der Infektion erholt haben und als Genesene galten oder wie lang die letzte Auffrischimpfung zurücklag.

Diese überzogenen Verallgemeinerungen und die daraus resultierende Sündenbockfunktion sind nicht ohne Folgen geblieben. Eine soziale Folge davon ist, dass diese „Sündenböcke“ geächtet, diskriminiert und in extremen

Fällen sogar mit Gewalt und Verfolgung konfrontiert werden können [19]. Warum wurde das von so vielen Menschen im Kauf genommen?

Ein dänisches Team untersuchte die diskriminierende Haltung von geimpften und ungeimpften Menschen in den USA während der Pandemie [20]. Zusätzlich zu den Antipathiegefühlen wurden mehrere Grundfreiheiten bewertet. Geimpfte Personen zeigten bei allen Fragen zu den Grundrechten und -freiheiten eine signifikant stärkere diskriminierende Einstellung gegenüber ungeimpften Personen (+7% bis +28%). Ungeimpfte hingegen empfanden nur gegenüber geimpften Personen signifikant mehr Antipathie (+4%), die jedoch im Vergleich zu geimpften Personen (+16%) gering war. Bei allen Fragen zu den Grundrechten und -freiheiten zeigten die Ungeimpften keine diskriminierende Einstellung gegenüber den Geimpften. Bei diesen Werten war die negative Einstellung der Geimpften gegenüber den Ungeimpften sogar stärker als ihre negative Einstellung gegenüber Atheisten, ehemaligen Häftlingen oder Drogenabhängigen. Es gibt ein weiteres Beispiel.

Eltern, die ihre Kinder nicht gegen COVID-19 impfen lassen wollten, wurden ebenfalls stigmatisiert. In Australien zum Beispiel wurden 21 Eltern aus regionalen und städtischen Gebieten in fünf Bundesstaaten befragt. Ihre Erfahrungen deuten auf eine systematische Stigmatisierung hin. Die Eltern wurden etikettiert. Viele von ihnen identifizierten sich nicht mit den in den Medien dargestellten „Impfgegnern“ und beschrieben ihre Frustration darüber, als solche abgestempelt zu werden, weil sie glaubten, ihr Kind vor Schaden zu bewahren. Die

Teilnehmer beschrieben, dass soziale Ausgrenzung zum Verlust von Beziehungen und sozialer Isolation führte. Sie beschrieben Statusverlust und Diskriminierung und fühlten sich als inkompetente Eltern abgetan und von medizinischen Fachkräften und anderen Eltern diskriminiert. Schließlich übten Änderungen in der Gesetzgebung Macht über ihre Lebensumstände aus und machten es ihnen unmöglich, ihren Kindern die gleichen finanziellen und schulischen Möglichkeiten zu bieten wie geimpften Kindern, was ihre Standhaftigkeit bei der Verweigerung der Impfung oft noch verstärkte [21].

Ähnliche Ergebnisse wären wahrscheinlich auch in Deutschland erzielt worden. Wiederholte negative Äußerungen über Ungeimpfte wie „Bekloppte" (Joachim Gauck, ehemaliger Bundespräsident), „gefährliche Sozialschädlinge" (Rainer Stinner, FDP-Politiker) oder „asoziale Vollidioten" (Christoph Waltz, Schauspieler und zweifacher Oscar-Preisträger) könnten zu dieser diskriminierenden Haltung der Geimpften gegenüber den Ungeimpften beigetragen haben. Ist das wirklich die Art und Weise, wie wir voneinander denken und in der Öffentlichkeit übereinander sprechen wollen? Sprache hat Macht, und niemand sollte diese unterschätzen, wenn er sein Gegenüber verunglimpft. Personen des öffentlichen Lebens kommt in diesem Zusammenhang eine besondere Verantwortung im Sinne einer Vorbildfunktion zu, keine gesellschaftliche Spaltung zu provozieren.

Ungeimpfte Menschen wurden auch für die Verlängerung der Pandemie verantwortlich gemacht. Diese Annahme ist nicht haltbar, wenn man die Daten bis 2022 betrachtet, die keine Korrelation zwischen dem

Prozentsatz der geimpften Bevölkerung und den Covid-Infektionen zeigen [22]. Auch die Annahme, dass die Pandemie früher vorbei gewesen wäre, wenn sich nur mehr Menschen hätten impfen lassen, ist wissenschaftlich fragwürdig. Das Ende einer Pandemie ist in jedem Fall eine politische Entscheidung, für die es keine eindeutige oder allgemeingültige Definition gibt. Es hängt von vielen Faktoren ab, die nicht alle epidemiologischer Natur sind [23]. Ungeimpften Menschen die Schuld zu geben und sie für die Verlängerung einer Pandemie zu verurteilen, deren Ende nicht klar definiert ist, ist ein Irrweg [1].

Die kontroversen Themen sind nicht verschwunden. Nehmen wir das Beispiel des Krieges zwischen Russland und der Ukraine. Wer sich öffentlich für eine Verhandlungslösung ausspricht und weitere Waffenlieferungen an die Ukraine ablehnt (denn diese haben den Krieg bisher nur verlängert, die Zahl der Toten und Verletzten erhöht und das Ausmaß der Zerstörung vergrößert), kann schnell öffentlich diffamiert werden. Bundeskanzler Olaf Scholz etwa sprach von „gefallenen Engeln aus der Hölle", Clemens Wergin, außenpolitischer Chefkorrespondent der Tageszeitung „Welt", von „Lumpenpazifisten". Und wieder einmal werden Andersdenkende beschimpft, wieder einmal wird die Gesellschaft weiter gespalten.

Besonders erschreckend finde ich, dass die negative Rhetorik gegenüber Teilen der Bevölkerung historische Vorläufer hat. Gegen Ende der Weimarer Republik wurden Arbeitslose, Behinderte und chronisch Kranke als „Ballastexistenzen", „Schmarotzer", „Asoziale" oder

„Gemeinschaftsunfähige“ beschimpft [13]. Hat man in diesem Land nichts aus der Geschichte gelernt? Fällt es den Protagonisten des öffentlichen Lebens so schwer, ein Vorbild im positiven Sinne zu sein, auch in ihrer Wortwahl gegenüber Andersdenkenden?

Im Hinblick auf die Entstehung negativer Emotionen und Stigmatisierung sind die folgenden zwei prominenten Beispiele besonders bemerkenswert.

So erklärte der französische Präsident Emmanuel Macron, dass die nahezu fünf Millionen Ungeimpften in seinem Land "Nicht-Bürger" seien. Er äußerte den Wunsch, die Ungeimpften zu verärgern, indem er sie aus öffentlichen Räumen ausschloss [24]. Diese offene und gezielte Diskriminierung einer großen Gruppe von Bürgern durch einen gewählten Präsidenten ist in der Tat beispiellos und wurde als moralisch verwerflich bezeichnet [1].

Der kanadische Premierminister Justin Trudeau stellte die Frage, ob der Rest von Kanada die Ungeimpften überhaupt 'tolerieren' sollte, und deutete im Fernsehen an, dass Menschen, die sich weigern, sich impfen zu lassen, oft rassistische und frauenfeindliche Extremisten seien [25]. Auch wenn Trudeau möglicherweise nicht implizieren wollte, dass alle Ungeimpften rassistisch und frauenfeindlich sind, ist es moralisch problematisch, eine heterogene Gruppe von Ungeimpften mit einigen der unerwünschtesten Überzeugungen und Verhaltensweisen der Gesellschaft in Verbindung zu bringen.

Dies lenkt den weit verbreiteten Hass und die Abscheu der Menschen gegen Rassismus und Frauenfeindlichkeit – und gegen diejenigen, die sich schuldig machen – auf die Ungeimpften. Selbst wenn es zutrifft, dass einige Ungeimpfte auch rassistische und frauenfeindliche Ansichten haben, ist es offensichtlich ungerechtfertigt, diese abwertenden Begriffe auf die gesamte Gruppe auszudehnen. Sicherlich sind auch unter den Geimpften rassistische und frauenfeindliche Personen zu finden – insbesondere, wenn man bedenkt, dass die Mehrheit der Erwachsenen Ende 2021 in zahlreichen Ländern bereits vollständig geimpft ist [1].

Im Jahr 2023 veröffentlichte das Bundesjustizministerium die folgende Erklärung:

> *„Die Bundesregierung fördert die vielfältige, tolerante und demokratische Zivilgesellschaft. Jede Person hat die gleichen Rechte, sollte die gleichen Chancen haben und vor Diskriminierung geschützt sein."*

Ein erster Schritt in diese Richtung wäre, dass die Regierung und ihre Mitglieder ein sichtbares Zeichen setzen, nicht nur in Bezug auf die sexuelle und geschlechtliche Vielfalt, sondern vor allem auch in Bezug auf andere gesellschaftliche Themen wie Gesundheitszustand, wissenschaftliche Ansichten und politische Einstellungen. Diese Themen betreffen weitaus mehr Menschen und haben daher eine viel größere Bedeutung für das Zusammenleben in der Gesellschaft.

Insbesondere während einer Pandemie, wenn der soziale Zusammenhalt ein entscheidendes gesellschaftliches Gut ist und wenn das Wohlergehen während und nach der Pandemie vom guten Willen vieler Einzelner abhängt, ist es für die öffentliche Gesundheitspolitik wichtig, nicht zu moralisieren - und zu demoralisieren, wann immer und wo immer es nötig ist. Im Idealfall können

Kräfte von oben (z. B. auf der Ebene der Regierungen und der öffentlichen Gesundheitseinrichtungen) dazu beitragen, dass eine unangemessene Moralisierung des öffentlichen Gesundheitswesens nicht auf der Ebene des Einzelnen aufflammt [1]. Das wäre zukünftig ein enorm wichtiger Schritt.

Karl Raimund Popper (1949)
„Im Namen der Toleranz sollten wir uns das Recht vorbehalten, die Intoleranz nicht zu tolerieren."

Quellenverzeichnis

1. Kraaijeveld SR, Jamrozik E. Moralization and Mismoralization in Public Health. Med Heal Care Philos 2022; 25: 655–69.

2. Kampf G. Pandemiemanagement auf dem Prüfstand - 2G. 1st ed. Norderstedt: BoD; 2023.

3. Jonas Aston. Verabredung zur Lüge. Apollo News. 2024 [cited 2024 Oct 22]. Available from: https://apollo-news.net/rki-leaks-verabredung-zur-luege/

4. Kampf G. COVID-19: stigmatising the unvaccinated is not justified. Lancet 2021; 398: 1871.

5. Altmetric. COVID-19: stigmatising the unvaccinated is not justified - overview of attention for article published in The Lancet, November 2021. 2024 [cited 2024 Oct 2]. Available from: https://www.altmetric.com/details/117182955#score

6. Kampf G, Kulldorff M. Calling for benefit-risk evaluations of COVID-19 control measures. Lancet 2021; 397: 576–7.

7. Kampf G. Analyzing pre-pandemic patterns of contacts is partly inappropriate to explain the current COVID-19 situation in Germany. Lancet Reg Heal Eur 2022; 12: 100290.

8. The editor and publisher. Withdrawal notice to: <Describing the unvaccinated as the main driver of the current COVID-19 situation in Germany should not be based on analyzing pre-pandemic patterns of contacts> <[The Lancet Regional Health Europe 12 (2022) 100290]>. Lancet Reg Heal Eur 2022; 12: 100298.

9. Kampf G. The epidemiological relevance of the COVID-19-vaccinated population is increasing. Lancet Reg Heal Eur 2021; 11: 100272.

10. Bundesverfassungsgericht. Beschluss der 1. Kammer des Ersten Senats vom 28. November 2011 - 1 BvR 917/09 - Rn. (1

- 28). Available from:
http://www.bverfg.de/e/rk20111128_1bvr091709.html

11. Caplan AL. Stigma, vaccination, and moral accountability. Lancet 2022; 399: 626–7.

12. Kampf G. Does COVID-19 Vaccination Protect Contact Persons? A Systematic Review. Hygiene 2024; 4: 23–48.

13. Egger S, Egger G. The vaccinated proportion of people with COVID-19 needs context. Lancet 2022; 399: 627.

14. Kampf G. Evidence-based pandemic management assessment - Focus: Germany. 1st ed. Ahrensburg: tredition; 2024.

15. Mostert S, Hoogland M, Huibers M, Kaspers G. Excess mortality across countries in the Western World since the COVID-19 pandemic: 'Our World in Data' estimates of January 2020 to December 2022. BMJ Public Heal 2024; 2: e000282. Available from:
https://bmjpublichealth.bmj.com/content/2/1/e000282

16. Prinses Máxima Centrum. The Princess Máxima Center distances itself from publication Excess mortality during COVID-19 pandemic - Prinses Máxima Centrum 2024 [cited 2024 Oct 21]. Available from:
https://www.prinsesmaximacentrum.nl/en/news-events/news/the-princess-maxima-center-distances-itself-from-publication-excess-mortality-during-covid-19-pandemic

17. European Parliamentary Research Service. EP Academic Freedom Monitor 2023. 2024 [cited 2024 Oct 7]. Available from:
https://www.europarl.europa.eu/RegData/etudes/STUD/2024/757798/EPRS_STU(2024)757798_EN.pdf

18. Hirsch W. The Autonomy of Science in Totalitarian Societies. Soc Forces 1961; 40: 15–22.

19. Graso M, Aquino K, Chen FX, Bardosh K. Blaming the unvaccinated during the COVID-19 pandemic: the roles of political ideology and risk perceptions in the USA. J Med Ethics 2024; 50: 246–52.

20. Bor A, Jørgensen F, Petersen MB. Discriminatory Attitudes Against the Unvaccinated During a Global Pandemic. Nature 2023; 613: 704–11.

21. Wiley KE, Leask J, Attwell K, Helps C, Barclay L, Ward PR, et al. Stigmatized for standing up for my child: A qualitative study of non-vaccinating parents in Australia. SSM - Popul Heal 2021; 16: 100926.

22. Subramanian S V, Kumar A. Increases in COVID-19 are unrelated to levels of vaccination across 68 countries and 2947 counties in the United States. Eur J Epidemiol 2021; 36: 1237–40.

23. Robertson D, Doshi P. The end of the pandemic will not be televised. BMJ 2021; 375: e068094.

24. Onishi N. Using Harsh Language, Macron Issues a Challenge to the Unvaccinated. New York Times 2022 [cited 2024 Oct 7]. Available from: https://www.nytimes.com/2022/01/05/world/europe/macron-france-unvaccinated.html?smtyp=cur&smid=tw-nytimes

25. Dave Naylor. Trudeau calls the unvaccinated racist and misogynistic extremists. West. Stand 2021 [cited 2024 Oct 7]. Available from: https://www.westernstandard.news/news/trudeau-calls-the-unvaccinated-racist-and-misogynistic-extremists/article_a3bacece-2e14-5b8c-bf37-eddd672205f3.html

Über den Autor

Günter Kampf ist Sachbuchautor, selbstständiger Facharzt für Hygiene und Umweltmedizin in Hamburg sowie außerplanmäßiger Professor für Hygiene und Umweltmedizin an der Universität Greifswald. Er hat mehr als 250 wissenschaftliche Veröffentlichungen in meist internationalen Fachzeitschriften, 44 Buchkapitel sowie fünfzehn Fachbücher veröffentlicht. Die wissenschaftlichen Themenschwerpunkte sind verschiedene Aspekte der Händehygiene, Flächendesinfektion, Resistenzbildung gegenüber Wirkstoffen in Desinfektionsmitteln sowie Präventionsmaßnahmen im Rahmen der COVID-19-Pandemie.

Leseempfehlungen

In der Buchreihe „Pandemiemanagement auf dem Prüfstand“ (Verlag: BoD) bewerte ich auf Basis der offiziellen Fallzahlen sowie zahlreichen Studien, ob bestimmte Maßnahmen einen gesundheitlichen Nutzen hatten.

Band 1: 2G

Ziel von 2G war es, die Infektionsdynamik von COVID-19 schnell zu beenden und eine drohende Überlastung des Gesundheitswesens abzuwenden. Doch haben sich die Fallzahlen und die Zahl schwerer Verläufe bei Ungeimpften tatsächlich stärker reduziert als bei den Geimpften?

Band 2: Maskenpflicht

„Masken sind sehr wirksam“, hieß es immer wieder. Doch hat das Tragen der Maske im öffentlichen Raum tatsächlich Übertragungen verhindert bzw. den Träger vor einer viralen Atemwegsinfektion geschützt?

Band 3: Impfpflicht

Eine Impfpflicht gegen COVID-19 kann nur als rechtmäßig angesehen werden, wenn sie dem Schutz Dritter dient. Aber war sie tatsächlich geeignet, den Schutz von Kontaktpersonen zu erhöhen?

Band 4: CoroFluenza

COVID-19 wurde zu Beginn der Pandemie als dramatisch, sehr schlimm und historisch einmalig beschrieben. Aber war das SARS-Coronavirus-2 tatsächlich gefährlicher als Influenzaviren oder andere Coronaviren, die seit jeher in den Wintermonaten Infektionen verursachen?